멋진 나
만들기
프로젝트

멋진 나 만들기 프로젝트

류시호 지음

이담
Books

'인생을 바꾸어 주는 한마디의 말'은 '멋진 나'를 만들어주는 시작이 됩니다.

사람들의 인생은 '나'로 부터 출발하여 '우리'로 이어지며 '자연'이란 공간에서 살아갑니다. 이 세상에 태어나고 '사회'라는 공간에 '나'를 자리 잡으면서부터 미완(未完)이라는 존재의 이유로 '타인'의 생각과 행동을 끊임없이 학습합니다. 그 결과 한 인격체로서의 '나'의 모습이 때로는 아름답게, 때로는 추하게 달라져 보이지만, 우리 모두의 목표가 '자신의 행복(幸福)추구'인 점은 같을 것입니다. 나아가 개개인이 지닌 바른 인성은 개인은 물론 우리 사회 구성원 모두를 행복하게 이끌어 줄 작은 시작이 될 것입니다.

이 책은 '나의 생각'이 '나'와 '우리'를 변화시킬 수 있다'는 생각으로 만들어졌습니다. 지금까지 '나'보다 먼저 생각하고 살아간 사람들은 어떤 생각을 가지고, 어떻게 행동하였는가에 대한 내용을 모아서 '멋진 나 만들기 프로젝트'로 재구성한 것입니다.

이 책의 각 장에서는 여러 가지 삶의 가치를 의미 있게 생각하게 해 줄 수 있는 동화 속의 이야기, 훌륭한 사람들의 일화와 생각, 연구결과의 자료, 용어의 개념을 보다 체계적으로 이해할 수 있도록 내용을 정리한 것입니다.

제1장 '나를 멋지게'에서는 [나를 멋지게 만들기 위한 준비]입니다.

개인으로서의 '나'는 한 존재로서의 '나'이기 때문에 무엇보다 소중합니다. 소중한 '나'의 모습은 겉모습보다 안에 있는 내면의 모습입니다. 여기에서는 개인의 내면에 있는 정직, 협동, 약속, 용서, 배려, 용기 등 많은 가치덕목들을 이야기하였습니다.

제2장 '성장하는 나'에서는 [내가 멋지게 자라나기 위한 준비]입니다.

멋진 '나'를 만들려면 생각이 커져야 합니다. 나를 성장시켜주는 덕목은 너무나 많습니다. 사람으로서의 기본적인 생활 태도에서부터 사람들과의 관계, 생각하는 꿈의 내용과 크기, 노력하는 정도의 차이 등에 따라 성장의 결과가 달라집니다. 여기에서는 일상생활 속에서 발견할 수 있는 '미래를 준비하는 지혜'의 덕목들을 이야기하였습니다.

제3장 '아름다운 세상'에서는 [사람들과의 멋진 관계 맺기]입니다.

멋진 '나'를 만들려면 사람들과의 관계가 아름답게 맺어져야 합니다. 멋진 나의 모습은 남도 아름답게 만들어주는 결과를 낳습니다. 희생, 긍정, 공감, 약속 지키기, 친절, 협동, 양보, 배려, 봉사 등 이 세상을 아름답게 해주는 덕목들은 아주 많습니다. 여기에서는 사회 공동체에 속해 있는 한 개인의 행동이 아름다운 세상을 어떻게 만들어 가는가에 대하여 이야기하였습니다.

제4장 '따뜻한 미래'에서는 [자연환경과 사람의 관계 맺기]입니다.

멋진 '나'는 아름다운 자연환경 속에서 만들어집니다. 깨끗하고 풍요로운 자연환경에서만이 멋진 '나'와 '우리'가 있습니다.

자연을 떠나서는 결코 살 수가 없는 존재가 사람입니다. 지구의 환경 보호, 자연 자원의 보호와 보존 및 이용의 과학적 지혜 등 따뜻한 미래를 살아가게 해주는 많은 덕목들이 있습니다. 여기에서는 지구와 환경 그리고 그 속에서 어떤 자세로 사는 것이 미래를 따뜻하고 아름답게 만들 수 있는가에 대하여 이야기하였습니다.

그리고 각 장의 마지막 부분 '자유롭게 생각하기'에서 제시한 질문은 여러분의 개인적인 발견과 자아 성찰을 도울 것입니다. 여러분 스스로에게 던지는 질문을 통하여 '진정한 나의 모습은 어떠한가?', '언제, 어떤 행동을, 어떻게 실천해야 하는가?'에 대한 반성적인 사고와 실천의지를 높이는 데 도움이 될 것입니다.

사람의 인생을 바꾸어 주는 한마디의 말과 하나의 생각이 '멋진 나'를 만들어 주는 시작이 됩니다. 여기에 담긴 많은 이야기들이 미래의 행복을 준비하고 가꾸는 어린이와 청소년들을 비롯하여 선생님, 부모님들께 조금이나마 도움이 되기 바랍니다. 지금까지 이 생각들을 모으고 하나의 완성된 책으로 나오기까지 함께해 주신 이현석 선생님께 감사를 드립니다.

2013. 2. 10.
유현초등학교 교정에서
류시호

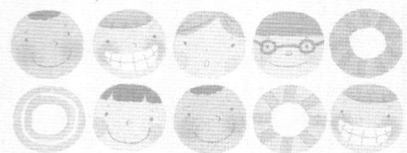

제1장

나를 멋지게

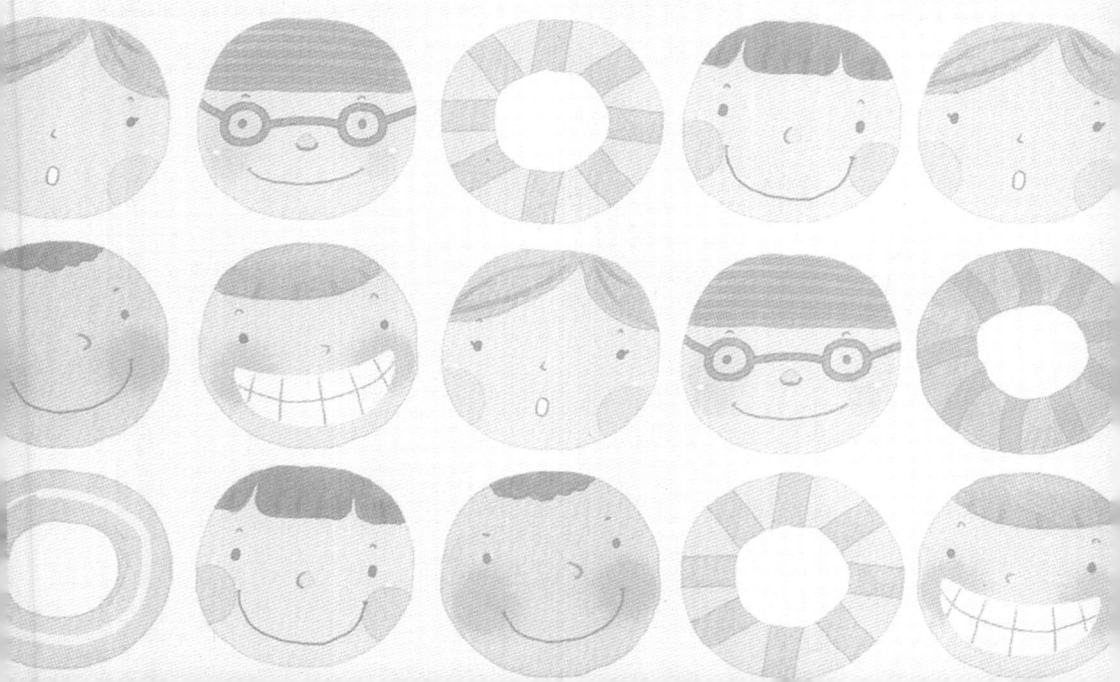

'반성'은 훌륭한 삶을 이루기 위한 '나와의 약속'

"2018년 동계 올림픽 개최지는 평창 코리아!"

남아프리카공화국에서 날아온 감격의 메시지였습니다.

2018년 동계 올림픽 개최지가 평창이 되기까지에는 많은 어려움이 있었습니다. 동계 올림픽을 유치하기 위해

서 10년 이상 많은 준비를 하였고, 그동안에 두 번이나 유치에 실패하기도 했습니다. 그러나 관계되는 사람들은 절망하지 않고 '우리에게 부족했던 것이 무엇이었나?', '어떤 점을 고치고 보완해야 할까?' 하고 철저하게 반성을 하고 동계올림픽을 성공적으로 유치하기 위한 준비를 열심히 하여서 마침내 성공을 하게 된 것입니다.

반성反省은 '**뉘우치다**', '**돌이켜보다**'라는 뜻이며 '**자기의 삶을 되돌아**

보고 살피는 것'이라는 의미가 담겨 있습니다.

논어論語의 학이學而편에서 증자曾子는 다음과 같이 말하였습니다.

> "나는 하루에 나 자신에 대해서 다음의 세 가지 문제를 반성합
> 니다."
> 첫째, 남을 도와줄 때 진심으로 했는가?
> 둘째, 벗을 사귈 때에 믿음을 가지고 언행을 하였는가?
> 셋째, 내가 익히지 못한 것을 남에게 가르치지는 않았는가?

예부터 훌륭한 삶을 살아온 사람들은 자신의 행동이나 말을 항상 되돌아보면서 '내게 부족한 부분은 없었는가?' 하는 반성을 꾸준히 실천하였습니다. 영국의 시인 에드워드 영은 반성하지 않는 삶에 대하여 이렇게 말했습니다.

> "사람이 살지 않는 집이 허물어지듯이 반성이 없는 영혼도 몰
> 락한다."

자신의 말이나 행동에 대해 항상 반성하는 생활은 나를 보다 훌륭한 사람으로 만들어 주고 나아가 인간다운 삶을 살 수 있게 해줍니다. 반성하는 생활은 훌륭한 삶을 이루기 위한 나와의 약속입니다.

 자유롭게 생각해보기

오늘 잠자기 전에 하루의 일을 떠올려 반성해보고, 내일의 계획을 세워 볼까요?

나의 행복은 건강한 운동의 습관화로

사람은 습관의 존재

습관이란 사람들이 **'어떤 행동을 오랫동안 되풀이하는 과정에서 저절로 몸에 익혀진 행동'**을 말합니다. 어떤 철학자는 '사람은 습관의 존재'라고 이야기하였습니다. 이것은 사람의 행동은 자신의 몸에 밴 습관에 따라 행동한다는 이야기라고 생각합니다. 또 '세 살 버릇 여든까지 간다'는 속담이 있는 것처럼 어릴 때부터 올바른 습관을 가진다는 것은 그만큼 중요하다는 이야기입니다.

독일의 어떤 작가가 하루는 친구와 함께 기차를 타고 여행을 하였습니다. 긴 여행이라 피곤해진 그 친구는 아주 곤하게 잠을 자고 있었습니다. 잠을 자다가 갑자기 벌떡 일어나 알약을 꺼내 먹으며 이야기하였습니다.

"큰일 날 뻔했네. 수면제 먹는 것을 깜박 잊어버릴 뻔 했어" 하며 황급히 수면제를 먹고 나서 다시 의자에 앉아서 잠을 자기 시작했습니다. 작가는 그 친구의 모습을 보고 배꼽을 잡으면서 웃었다고 합니다.

건강을 잃으면 모든 걸 다 잃는다

사람은 누구에게나 그 나름대로의 독특한 습관이 있습니다. 어떤 습관은 자신에게 좋은 습관도 있고 또 그렇지 못한 습관도 있습니다. 좋은 습관은 여러분의 인생을 빛나게 하겠지만 나쁜 습관은 여러분을 좋지 못한 미래로 이끌어가게 합니다. 여러분의 미래를 성공으로 이끌어주는 좋은 습관은 참으로 많이 있습니다. 그 여러 가지 습관 중 '**건강을 잃으면 모든 걸 다 잃는다**'는 속담처럼 운동은 대단히 중요한 습관 중의 하나입니다.

일본에서 일흔을 넘긴 노인 한 분이 에베레스트를 정복하고 내려왔습니다.

"할아버지, 세계 최고봉을 정복한 비결은 무엇이었나요?"

"예, 평소의 꾸준한 운동이었습니다. 운동을 꾸준히 하면 20년은 더 젊게 살 수 있어요"라고 대답하였습니다.

요즘 '21세기 전염병'이라 불리는 비만으로 고민하는 사람들이 점점 늘어나고 있습니다. 그래서 많은 사람들은 굶거나 음식을 조절하여 '살빼기'에 힘을 쏟고 있는 모습을 주변에서 많이 보게 됩니다. 어떤 통계에 따르면 비만한 사람이 현재는 30%에 머물고 있지만 2020년경에는 약 50%에 달할 것으로 예측하는 사람들도 있습니다. 비만은 움직임을 어렵게 할 뿐만 아니라 여러 가지 병을 일으키는 원인도 됩니다. 이에 대한 치료법 중에서 가장 좋은 방법은 역시 운동이라고 많은 사람들은 이야기합니다.

7330운동을 습관화합시다

그렇다면 운동은 어떻게 해야 할까요?

해답은 '7330운동'입니다. '7330운동'은 '일주일에 3회 이상 하루 30분 이상 운동하는 것'입니다. 체육과학연구원에 따르면 우리의 몸은 운동을 한 뒤 그 효과가 48시간 지속된다고 합니다. 따라서 일주일 내내 운동한 효과를 계속 누리려면 최소 3일 이상 운동해야 한다는 이야기입니다. 한 번 운동할 때는 30분 이상을 해야 합니다. 30분 이상 움직여 운동을 하여야 몸 안의 지방이 연소되어 운동의 효과를 볼 수 있기 때문이라고 합니다.

그러면 '7330운동'을 실천하기 위해서 어떤 노력을 하여야 할까요?

여러분이 스스로 할 수 있는 운동을 골라서 시작부터 먼저 하기 바랍니다. 달리기, 줄넘기, 걷기, 축구를 비롯한 기구 운동 등 실천할 수 있는 종목은 너무나 많습니다. 그리고 시간을 정하여 꾸준히 실천하는 습관이 무엇보다 중요합니다. 처음부터 '잘 안 된다' 고 생각하지 말고 또 중간에 포기하지 말고 운동이 습관으로 몸에 밸 때까지 열심히 노력하는 일 그것이 가장 중요한 일이겠지요.

어떤 운동이든지 그 운동이 습관으로 몸에 밸 때까지 꾸준히 하는 것이 제일 중요합니다. 하루 30분 운동하는 습관이 여러분들의 미래를 건강하게 가꾸어줍니다. 일주일(7일)에 3회 이상 하루 30분 이상씩 빨리 걷기 습관은 곧 여러분의 인생을 바꿀 수 있습니다.

좋은 습관을 가지는 사람은 성격도 좋은 모습으로 바뀌게 되고, 나쁜 습관이 오래 계속되면 나쁜 성격이 만들어지게 됩니다. 몸에 밴 좋은 습관은 '7330운동'의 좋은 습관에서 시작될 수 있습니다. 나의 행복한 미래! 운동으로 나를 건강하게 만들어요.

 자유롭게 생각해보기

나의 운동 습관을 되돌아보고, '7330운동' 전략을 세워서 실천해볼까요?

사람이 사람의 마음을 얻는 일

소설 '어린 왕자'에 나오는 이야기입니다.

"너, 세상에서 가장 어려운 일이 뭔지 아니?"
"음……, 글쎄요, 돈 버는 일? 밥 먹는 일?"
"세상에서 가장 어려운 일은…… 사람이 사람의 마음을 얻는 일이란다."

어떤 부자가 있었습니다.

그는 돈이 많았고, 돈을 쓰기를 좋아해서 쓴 돈에 대해 여기저기 자랑을 늘어놓았습니다. 그의 집에는 항상 많은 사람들로 가득했습니다.

'음, 돈만 있으면 친구는 얼마든지 사귈 수 있어.'

부자는 자기 집에 찾아오는 친구들에게 선물을 많이 주며 아주 정다운 친구 관계처럼 지냈습니다. 어느 날 그 부자는 고치기 힘든 병에 걸려 자리에 눕게 되었고, 가지고 있던 재산도 모두 없어지는 어려움에 닥쳤습니다. 그동안 부자에게 그렇게 많이 찾아오던 사람들이나, 한때 친구라며 우정을 다짐하던 사람들은 한 사람도 찾아오지를 않았습니다.

초등학교 때부터 아주 친했던 두 사람이 있었습니다.

두 사람은 중·고등학교는 물론, 대학생이 되어도 변함없는 우정을 서로 나누었습니다. 한 사람의 살림이 어려워지면 이웃의 친구가 나서서 도와주었습니다. 어른이 되어서도 한마을에 살면서 힘들고 어려운 일은 함께 해결하였고 기쁜 일도 함께하며 서로가 의지하면서 재미있게 살았습니다.

어떤 사람들이 진정한 친구이고 행복하게 살아가고 있다고 할까요?

진실된 우정은 사람의 마음을 얻는 일에서 시작

우정友情이란 '**친구 사이의 진실한 정**'을 말합니다. 흔히 '**우정은 황금으로도 살 수 없다**'라고 이야기합니다. 옛말에 '**부모는 보물이요, 형제는 위안이며, 친구는 보물도 되고 위안도 된다**'는 말이 있고, '**그 사람을 알고자 하거든 그 사람의 친구를 보라**'는 말도 있습니다. 착한 친구와 함께 지내면 그 친구의 영향으로 함께 착해지고, 착하지 못한 친구와 함께 지내면 내 행동도 착하지 못하게 됩니다.

진실된 우정은 사람의 마음을 얻는 일에서 시작됩니다. 마음을 얻으려면 내가 먼저 다가가야 합니다. 남이 내게 다가오기를 기다리지 말고 내가 먼저 친구에게 다가가서 나의 진실된 마음을 전해 줄 수 있어야 합니다. 오늘 눈앞의 당장의 이익보다는 먼 미래까지 함께 살아갈 수 있는 진정한 친구를 얻으려면 사람의 마음을 얻어야 합니다. 좋은 친구는 나를 아름답게 해주는 사람입니다. 진정한 친구를 사귀는 일은 행복의 시작입니다.

 자유롭게 생각해보기

진정한 우정을 나누고 싶은 친구가 있습니다.
그에게 어떻게 하면 나의 마음을 잘 전할 수 있을까요?
친구가 되고 싶은 사람에게 내 마음을 진실하게 이야기해 봅시다.

나를 아름답게 만드는 겸손

세계에서 가장 유명한 학자들에게 "앞으로 살아갈 21세기에서 사람들이 성공적으로 살아가려면 어떤 마음자세가 필요합니까?" 라고 물었습니다. 이 물음에 대다수의 학자들은 '겸손'(지식적 겸손-Intellectual Humility)이라고 대답하였습니다.

어느 날 생쥐가 숲속에서 낮잠을 자고 있는 사자에게 살금살금 다가가 콧수염을 힘껏 잡아 당겼습니다. 사자는 깜짝 놀라 잠에서 깨어나 소리쳤습니다.

"이놈, 쪼그만 놈이 감히 나의 잠을 깨우다니, 버릇을 고쳐 주겠다."

"사, 사자님! 죽을 죄를 지었습니다. 한번만 용서하여 주신다면 은혜를 꼭 갚겠습니다."

사자는 은혜를 갚겠다는 말이 가소롭기도 하였지만 용서를 비는 생쥐의 모습이 귀엽다는 생각이 들었습니다.

"좋아! 이번에는 용서해 줄 터이니 다음부터는 조심하여라."

며칠 후 숲속을 다니던 사자가 사람들이 쳐 놓은 튼튼한 덫에 걸렸습니다.

"아이고 원통하다. 이제 이 사자는 죽었구나!" 사자의 울음소리는 숲속 멀리까지 퍼졌습니다. 이 소리를 생쥐가 들었습니다. 생쥐는 친구들을 불러 모았습니다.

"애들아, 우리들의 이빨로 이 밧줄을 갈아보자."

사자는 덫에서 풀려났습니다.

"고맙다. 생쥐야, 너희들의 도움이 없었다면 나는 꼼짝없이 죽었을 거야."

사자가 보기에는 아주 힘도 없고 보잘 것 없는 생쥐였지만 그의 도움이 없었다면 밀림의 왕인 사자도 죽고 말았을 것입니다. 이렇듯 보잘것없는 생쥐도 사자가 가지고 있지 못한 능력을 가지고 있었습니다.

나를 아름답게 만들어 주는 행동은 무엇일까?

겸손이란 '남에게 자기를 낮추어 순하게 대하는 태도'를 의미합니다.

겸손한 사람은 어떤 사람을 말할까요?

첫째, 겸손한 사람은 늘 자기 자신을 낮추는 태도를 보이는 사람입니다.

우리나라 속담에 '벼는 익을수록 고개를 숙인다.'는 말이 있습니다. 이 말은 사람들이 지니고 있는 재주나 학식이나 지위가 남보다 뛰어나다고 해도 그것을 자랑하지 않고 자신을 낮추는 태도를 이야기하는 것입니다. 자신을 낮추어서 사람을 대하면 적이 생기지 않게 됩니다.

둘째, 겸손한 사람은 자신이 늘 부족한 사람이라는 생각을 가집니다.

언제나 자신이 모자라는 존재라고 생각하면서 열심히 공부하여 부족한 점을 채우려고 노력하는 사람입니다. 그래서 항상 더 많이 알고 더 많이 배우려 합니다.

셋째, 겸손한 사람은 자기의 선행을 자랑하지 않습니다.

자신이 행한 일을 남에게 자랑하여 인정받으려고 하거나 떠들지를 않습니다. 또 겸손한 사람은 결코 남을 가르치려 들지도 않습니다. 남을 잘못을 들추어내거나 바로 잡아 주고자 하는 사람들은 그 자신이 부족한 부분이 많음을 스스로 잘 깨닫지 못하고 있는 사람입니다.

내가 보다 겸손한 사람이 되기 위해서는 지금까지의 생활을 되돌아보는 시간이 필요합니다.

'저 친구는 나보다 공부를 못해!', '저 친구는 나보다 힘이 약해!', '저 친구는 나보다 가난해!', '저 친구는 나보다 못생겼어', '저 친구는 나보다 운동을 못해!' 등 이런 생각을 한 일이 있었다면 그 친구에 대하여 좀 더 관심을 가지고 진심으로 이야기할 시간을 가져야 할 것입니다. 그러한 친구에게도 내가 가지고 있지 못한 좋은 점을 가지고 있음을 발견할 수 있기 때문입니다. 나보다 못하다고 생각했던 친구지만 사람을 만날 때 잘 웃거나, 항상 남에게 친절한 점이나, 어려운 사람을 잘 도와주는 점이나, 봉사를 잘하거나, 재미있는 유머로 남을 즐겁게 해주는 재주를 가지고 있는 등 많은 장점을 가지고 있음을 발견 할 수 있을 것입니다.

겸손한 사람은 모든 사람으로부터 호감을 산다.

러시아의 세계적인 문학자인 톨스토이는 "겸손한 사람은 모든 사람으로부터 호감을 산다"고 이야기 하였습니다. 겸손한 사람은 다른 사람의 장점을 보다 많이 찾는다고 합니다. 사람들의 장점을 많이 찾으려고 노력하다가 보면 그의 잘하는 일에 대해 깊게 생각하게 됩니다. 따라서 나도 칭찬 받을 일을 하게 되어서 사람들에게 호감을 받는 자신의 모습으로 바뀌게 될 것입니다.

바다가 이 세상의 그 무엇보다도 넓은 까닭은 그것이 어떤 강이나 냇물보다도 낮은 곳에 있기 때문입니다. 나의 겸손한 태도는 자신을 낮추는 것이 아니라 자신을 세우는 일입니다. 겸손한 사람은 어떤 일을 해도 사람들과 잘 어울리며 생활합니다. 다른 사람을 존중해 주고 자신을 낮추는 말과 행동은 겸손한 마음에서부터 시작됩니다. 나의 겸손한 행동은 나를 아름답게 만들어 줍니다.

 자유롭게 생각해보기

다음은 겸손한 사람이 가지는 세 가지 주요 덕목입니다. 각 덕목을 잘 생각해보고 지금까지의 나의 행동이나 생각은 어떠하였는지 자유롭게 이야기해볼까요?

① 겸손한 태도로 다른 사람을 대하고 있나요?
② 나의 일을 남에게 미루지는 않나요?
③ 어려운 일은 내가 먼저 하는 편인가요?
④ 친구가 내게 칭찬을 했습니다.
"너의 시험 성적이 나보다 더 좋았어."
이때 어떻게 대답하면 겸손한 대답이 될까요?

05

내 가슴속에서 우러나오는 참된 용기

옛날 중국의 어떤 마을에 푸줏간에서 일을 하고 있던 한 젊은이가 있었습니다. 어느 날 심부름을 하러 동네 길을 걸어가고 있었습니다. 그때 동네 건달들이 그에게 이유 없이 시비를 걸어왔습니다.

"야! 푸줏간 칼을 찬 모양이 그럴듯해. 어디 나랑 한 판 붙어 보자! 자신 있으면 나에게 덤벼 봐. 만약 싸울 용기가 없다면, 내 가랑이 밑으로 기어가!"

그 젊은이의 마음속에는 큰 화가 끓어올랐습니다. 당장이라도 칼을 뽑아들고 그 건달을 해치워버리고 싶었습니다.

하지만 그에게는 장차 나라를 위해 큰일을 이루겠다는 목표를 가지고 있었습니다. 작은 일에 목숨을 걸고 싸우고 싶지 않았습니다. 그래서 그 순간을 참고 또 참고 있었습니다.

"어서 덤벼 봐!" 건달이 다시 소리쳤습니다. 건달을 한참 동안 바라보던 젊은이는 아무 말 없이 그의 가랑이 밑을 기어갔습니다.

주위에서 이 모습을 지켜보고 있던 구경꾼들이 모두 그를 보고 비웃었습니다. 사람들은 그에게 '비겁자'라고 놀려댔습니다. 그러나 이 젊은이는 '작은 일에 목숨을 걸고 싸우지 않겠다'는 마음이었습니다. 그의 굳은 의지로 인해 그 마을에서는 아무런 문제도 일으키지 않았고, 열심히 무예를 닦아, 큰 실력을 키울 수 있었습니다.

그로부터 몇 년 후 그를 알아주는 왕을 받들어 전쟁에서 큰 공을 세우게 되었습니다. 그리고 자기 고향의 영주가 되어 다시 돌아왔습니다. 영주가 된 그는 자신을 가랑이 사이로 지나가게 했던 건달을 찾아갔습니다.

"지난날 자네로부터 받은 굴욕이 오늘의 나를 만들어주었네."

영주는 그 건달에게 벼슬을 주고 자신의 밑에서 일하도록 해주었습니다. 그 건달은 너무나 감격하여 죽을 때까지 그에게 충성을 다하였습니다.

지금으로부터 약 2,200여 년 전 중국의 '한신韓信: 중국 한(漢)나라에서 유방과 함께 천하를 통일했고 초나라의 왕이 된 인물'의 이야기입니다.

작은 일에 명예와 목숨을 걸지 않는 용기

누군가가 나에게 한신에게 했던 것과 같은 굴욕적인 행동을 요구한다면 참을 수가 있겠습니까? 아마도 보통 사람들은 쉽게 참을 수 없었을 것입니다. 그러나 장차 큰 그릇이 될 한신은 사소한 일에 쉽게 흥분하거나 다투지 않았습니다. 참기 어려운 일이었지만 참아내는 용기를 행동으로 보여주었습니다. 그는 결코 작은 일에 명예와 목숨을 걸지 않는 진정한 용기를 보여주었습니다.

역사적으로 위대한 영웅이나 위인들은 참다운 용기를 행동으로 잘 나타낸 사람들입니다. 세계 4대 성인으로 존경받는 석가모니는 사람들에게 비방과 욕설을 많이 들었으나 침묵이라는 용기를 실천하여 많은 제자들을 길러 냈고, 사랑을 실천한 예수님이 "원수를 사랑하고", "왼쪽 뺨을 맞았으면 오른쪽 뺨도 내놓으라"고 가르쳐 주신 일도 용기 있는 행동의 방법을 말씀하신 것이라 할 수 있습니다. 또 꽃다운 17살의 나이로 일본 경찰의 총칼 앞에서 대한 독립 만세를 불렀던 류관순 열사의 행동도 위대한 용기를 온몸으로 실천하는 모습이라 할 수 있습니다.

도전하려는 마음을 행동으로 실천해야

우리 사회에는 성공하는 사업가, 스포츠 선수, 예술인, 과학자 등 새로움에 용기 있게 도전하여 우리 사회를 발전으로 이끌어 가고 있는 많은 사람들을 볼 수 있습니다. 이들의 공통점은 새로운 일에 용기를 가지고 도전하는 사람들이었습니다. 참다운 용기란 도전하려는 마음을 행동으로 나타내는 것입니다. 그런데 사람들은 도전하려는 목표를 가지고 용기 있게 실천하려고 할 때마다 그것을 가로막는 어떤 마음 때문에 행동으로 옮기지 못하는 경우가 많습니다.

(1) 어떤 일을 할까 말까 망설이거나
(2) 오늘 일을 내일로 미루거나
(3) 진심으로 이야기하는 사람을 의심하는 일이나
(4) 작은 일에 소심하게 대응하여 싸우고 다투거나
(5) 쉽게 두려워하는 마음을 가지거나
(6) 어려운 일을 만나면 중간에 그만두고 포기하는 일

이런 행동들은 용기를 실천하는 일을 가로막는 적이라 할 수 있습니다. 미국의 문학가인 펄벅 여사는 진정한 용기에 대해 **"힘은 희망을 가지고 있는 사람에게 있고, 용기는 가슴속에 있는 의지에서 우러나오는 것이다"**라고 했습니다. 이루고자 하는 목표에 대하여 항상 떳떳한 양심과 정의감과 굳센 의지를 가지고 용기 있게 실천하는 사람이 멋진 사람입니다.

 자유롭게 생각해보기

> '참된 용기'는 어떤 것일까요?
> 나의 용기를 '가로막고 있는 적(망설임, 미룸, 의심, 소심, 두려움, 포기 등)'은 무엇인가요?

06

농담으로라도 거짓말을 말아라

　지독한 구두쇠로 불리는 한 유태인의 이야기입니다.

　어느 날 그는 아주 험한 계곡에 걸려 있는 구름다리를 건너고 있었습니다. 다리 아래에는 급류가 흐르고 있었고 아래를 보면 어지러웠습니다. 구름다리는 낡은 밧줄로 엉성하게 엮어져 있었습니다. 갑자기 다리가 몹시 흔들렸습니다. 겁에 질린 그는 하나님께 간절히 기도를 했습니다.

　"하나님! 이 다리를 무사히 건너게 해주신다면 제 재산의 반을 바치겠나이다."

　잠시 후에 다리의 흔들림이 멎었고 무사히 다리 중간까지 왔습니다. 그런데 생각해 보니 억울한 마음이 들었습니다.

　"하나님! 아까는 너무 갑작스러워서 반이라고 했는데 또 반으로 줄여주십시오."

　이제 구름다리를 거의 다 건너게 되었을 때입니다. 또 아까운 생각이 들었습니다.

"하나님, 아까 약속한 일을 없었던 일로 해주십시오."

그러자 갑자기 다리가 몹시 흔들렸습니다. 그는 겁을 잔뜩 먹고 외쳤습니다.

"하나님, 농담도 못하나요? 아아"

다음은 **"농담으로라도 거짓말을 말아라"**라고 가르쳤던 도산 안창호 선생님의 이야기입니다.

선생님이 중국의 상해에서 망명 중이었을 때 어떤 동지의 아들과 "16살의 생일을 축하하러 가겠다"는 약속을 하였습니다. 일본 경찰이 그 정보를 사전에 알고 그 친구의 집 주변에 숨어서 선생님을 붙잡으려고 하였습니다. 이를 알게 된 선생님의 동지들은 말렸습니다.

"선생님, 생일 축하하러 동지의 집으로 가지 마십시오."

"아닐세. 작은 약속이라도 반드시 지켜야 하네."

결국 선생님은 일본 경찰에게 체포되고 말았습니다.

약속을 하고, 지키며 살아가는 인간

우리는 가족, 친구, 선생님 등 많은 사람들과 약속들을 하고 지냅니다. 어떤 철학자는 **"인간은 약속을 할 수 있는 동물"**이라고 했습니다. 또 **"약속은 약속이다"**라는 영국의 명언도 있습니다. 약속은 약속이기 때문에 반드시 지켜야 한다는 것입니다. 약속을 잘 지키는 일은 우리 사회에서 믿음을 심어주는 기본 원리입니다. 서로 약속을 안 지키면 신뢰감이 무너지고 불쾌감을 느끼고 심지어 분노의 배신감까지 들게 됩니다.

우리가 약속을 잘 지키는 사람이 되려면 어떻게 해야 할까요?

무엇보다 **'함부로 약속을 하지 않는 것'**입니다. 꼭 지킬 수 있는 약속을 해야 합니다. 사람은 흔히 급할 때에는 앞뒤 생각 없이 약속을 남발하기 쉽습니다. 공연히 지키지도 못할 약속을 할 바에는 아예 약속을 하지 않아야 합니다. 그리고 어떠한 일을 무마하기 위한 거짓 약속, 또는 어려움을 모면하기 위한 약속이나, 말장난의 약속은 해서는 안 됩니다.

우리는 약속은 쉽게 하지만 이미 정한 약속을 잘 지키는 데에는 매우 소홀하기 쉽습니다. 그러므로 지키지 않는 약속을 하여 상대방에게 큰 피해를 주거나 신뢰를 잃어버리지 않도록 해야 합니다. 약속은 약속을 지켰을 때 의미가 있으며 믿음의 인간관계를 만들어 주는 시금석입니다.

 자유롭게 생각해보기

지금까지 내가 약속을 잘 지킨 일들과 그렇지 못한 일들을 떠올려보고, 우리 함께 이야기를 나눠볼까요?

07

돌과 같은 사람과 솜과 같은 사람

이 세상에는 자기만 잘났다고 생각하는 사람들이 의외로 많습니다. 그런 사람들이 사는 사회는 항상 옳고 그름을 따지다가 싸움과 분쟁이 끊이지 않는 모습을 흔히 볼 수 있습니다. 그러나 스스로를 낮추는 사람들이 사는 사회는 싸움이나 분쟁이 없는 사회입니다.

돌과 솜을 비교해봅시다.

모든 **돌**은 대체적으로 단단하며 울퉁불퉁하고 모가 나있습니다. 이러한 돌은 다른 물체와 부딪히면 어떻게 될까요? 돌보다 약한 물체와 부딪히면 그 물체에 보기 흉한 상처를 만들어 놓습니다. 또 자기보다 강한 물체와 부딪혔을 때는 오히려 자기 자신이 깨어져 산산조각이 나고 맙니다. 남에게 상처를 주거나 자신이 신산조각이 난 돌은 이미 돌로서의 구실을 다하지 못한다는 것은 말할 필요도 없을 것입니다.

그러나 **솜**은 단단하고 강하지는 못하지만 물체와 부딪히더라도 부드럽게 감싸주므로 자신이나 남에게 전혀 상처를 입지도 주지도 않고 오히려 포근함을 느끼게 해줍니다.

사람의 성격도 **돌**과 **솜**에 비유할 수 있습니다.

자기의 의견만을 끝까지 고집하며 남의 잘못만을 찾아내어 헐뜯는 사람, 다른 사람의 의견에는 귀를 기울일 줄 모르는 사람이 바로 **돌**과 같은 성격을 가진 사람으로 결국은 다른 사람과의 사이가 벌어지게 되고 따돌림을 받게 됩니다. 그러나 다른 사람의 잘못을 부드럽게 감싸주면서 조용히 타이르는 사람, 자기의 의견보다는 남의 의견에 귀를 기울이고 좋은 점을 배우려 하는 겸손한 태도를 가진 사람은 **솜**과 같은 사람으로 늘 다른 사람과 친하게 지낼 수 있으며 어려운 일이 생기더라도 함께 의논하고 싶어지는 사람입니다.

나를 다른 사람보다 낮추어 생각하는 태도

러시아의 소설가 톨스토이Lev Nikolayevich Tolstoy는 '**겸손하라. 진실로 겸손하라. 그대는 아직도 완전하지 못하기 때문이다**'라고 이야기하였으며, 또 '인생을 바꿔줄 선택'이란 책을 쓴 할 어반Hal Urban이란 사람은 '**인생이 주는 가장 위대한 교훈은 겸손이다. 자신을 낮추어라. 그렇지 않으면 남이 당신을 낮추게 될 것이다**'라고 했습니다.

겸손謙遜이란 '**남을 높이고 자신을 낮추는 태도**'를 말합니다. 많은 사람들과 친하게 지낼 수 있게 만들어주는 가장 좋은 방법은 자신을 낮출 줄 아는 겸손일 것입니다. 어떤 일에든지 나만이 옳고 잘날 수는 없습니다. 왜냐하면 완전한 사람은 결코 없으며, 우리보다 나은 사람이 세상에는 많이 있기 때문입니다.

다른 사람을 이해하고 부드럽게 감쌀 수 있는 솜과 같이 포근하고 부드러운 마음은 인간관계를 성공적으로 이끌어주는 시작입니다.

 자유롭게 생각해보기

'겸손'이라는 말의 의미에 비추어, 지금까지 나의 언행에서 고쳐야 할 태도는 무엇인지 생각해볼까요?

08

먼저 '나'를 사랑하자

어느 날 선생님이 어린이들에게 종이와 연필을 준비하게 하였습니다.

"자, 지금부터 우리 반 친구 중 미운 아이의 이름을 모두 쓰기 바랍니다."

"네, 선생님"

잠시 후 대부분의 어린이들은 종이 위에다가 한두 명의 이름을 써놓고 앉아 있었습니다. 그런데 시간이 한참 지났는데도 안수는 누군가의 이름을 계속하여 쓰고 있었습니다. 선생님이 물었습니다.

"안수는 누구의 이름을 쓰고 있니?"

"예, 우리 반 아이 전부 다요."

선생님은 다른 어린이들이 써낸 종이를 모두 받아 살펴보았습니다. 그런데 다른 어린이들의 종이에는 모두 '안수'의 이름이 쓰여 있었습니다.

우리는 어떻게 하면 사람들과 잘 어울릴 수 있을까요?

첫째, 먼저 '나'를 사랑하도록 노력해야 합니다.

자기 자신을 사랑하는 사람의 눈에는 다른 사람들도 사랑스럽게 보이게 되며, 자기 자신을 미워하는 사람의 눈에는 다른 사람들도 미워 보이게 된다고 합니다. 자신을 소중한 존재로 느끼느냐, 열등한 존재로 느끼느냐는 스스로의 결정에 달려있습니다. 자신을 어떻게 생각하느냐에 따라서 나의 가치를 높게도 만들고 낮게도 만들게 됩니다. 자기를 존중할 수 있는 사람은 남도 존중할 수 있는 것입니다. 그러므로 자신을 먼저 사랑하도록 노력하여야 합니다.

둘째, 내가 먼저 다른 사람을 좋아하도록 노력하는 일입니다.

내가 상대방을 업신여기고, 미워하고, 좋지 않은 말과 행동을 하는데 상대방이 나를 좋아할 리가 없습니다. 사람들에게 '내가 좋아하는 사람'과 '내가 미워하는 사람'을 조사하여 그 공통점을 알아보았습니다. 그 결과 내가 좋아하는 사람이 많은 사람은 미워하는 사람의 수가 아주 적었고, 반대로 내가 미워하는 사람이 많은 사람은 미워하는 사람의 수가 아주 많은 것을 볼 수가 있었습니다.

셋째, 이 세상을 아름다운 눈으로 볼 수 있는 마음을 가져야 합니다.

이 세상의 모든 것들을 아름다운 눈으로 바라보면 아름답게 보일 것이며, 아름답지 못한 눈으로 바라보면 밉고 추한 모습들이 많이 보이게 될 것입니다. 나와 함께하는 많은 사람들을 아름다운 눈으로 바라볼 때 그들 또한 나를 아름답게 보아줄 것입니다.

'멋진 나'를 만들려는 사람은 먼저 '나'를 사랑하는 일부터 시작해야 합니다.

 자유롭게 생각해보기

거울을 바라보며, 다음의 물음에 대해 '나와 이야기'를 나누어볼까요?
▸ 나는 누구인가?
▸ 내가 잘하는 것은 무엇인가?
▸ 내가 잘못하는 것은 무엇인가?
▸ 내가 하고 싶고 이루고 싶은 것은 무엇인가?

09

밥은 생명의 양식, 책은 마음의 양식

사람들이 매일 먹는 밥을 **생명의 양식**이라고 한다면 책은 **마음의 양식**이라고 할 수 있습니다. 그러므로 밥은 죽지 않고 살기 위해 먹기 때문에 맛이 없어도 먹어야 하지만 이왕이면 맛있게 먹기 위해 반찬을 요리해서 먹습니다. 책은 마음의 양식을 채우기 위해서 꼭 읽어야 하고 많이 읽어야 하는데 억지로 선생님과 부모님이 시켜서 읽는 것보다는 스스로 재미가 있어서 책을 읽게 되면 시간이 가는 줄도 모른 채 독서 삼매경에 빠지게 됩니다.

훌륭한 역사의 발자취를 남긴 분들의 어린 시절을 살펴보면 영국의 유명한 소설가 찰스 디킨스올리버 트위스트의 작가가 소년시절에 다닌 학교는 도서관이었다고 하며, 독일의 노벨 문학상 작가인 헤르만 헷세Hermann Hesse도 학교에서 퇴학 당한 후 22세에 첫 시집을 낼 수 있었던 것은 마을의 도서관을 드나든 덕분이었다고 합니다.

책을 읽지 않는 한국인

한 나라의 문화수준은 그 국민의 독서량에 정비례한다고 합니다. 그런데 우리나라 사람들의 독서 문화 수준은 어느 정도일까요? 몇 년 전에 유엔에서 조사한 국가 간 한 달간의 독서량 비교에서 우리나라는 0.8권으로 세계에서 166위를 기록하였다고 합니다. 또 우리나라 국민들의 하루 평균 독서 시간은 8분이며 10분 이상 책을 읽는 사람은 12.7%에 지나지 않았다고 합니다. 또 세계 여론조사기관에서 조사한 것을 보면 일주일 동안 책을 읽는 시간은 세계 평균이 6.5시간이었으나 우리나라는 3.1시간으로 조사대상국 중에서 최하위로 나타났습니다.

또 독서를 많이 할 수 있는 책의 보유 수준도 외국과 비교했을 때 많이 부족한 결과를 볼 수 있습니다. 국민 1인당 도서관 장서 수를 보면 핀란드는 7.15권이고, 인구 3억 명인 미국은 국민 1인당 2.59권, 프랑스는 1.53권, 독일은 1.82권, 가까운 나라 일본이 2.19권인 것과 비교하면 우리나라는 0.47권입니다.

책은 가까이해야 할 친구

피터 드러커Peter Ferdinand Drucker라는 세계적인 학자는 "장차 21세기의 지식 사회를 잘 이끌어갈 수 있는 지도자는 독서를 많이 하는 사람"이라고 이야기하고 있습니다. 또 옛날 중국 당나라의 두보杜甫라는 유명한 시인은 "남아수독男兒須讀 오거서五車書", 즉 '세상에 남자로 태어나서 수레 다섯 대만큼의 책을 읽어야 한다'고 하였으며, 우리나라의 독립운동을 이끌었던 안중근 의사는 '하루에 한 번이라도 책을 읽지 않으면 입에서 가시가 돋친다'고 하였을 만큼 독서의 중요성을 강조하였습니다.

독서를 잘하는 방법에는 세 가지 비결이 있습니다. 첫째는 입으로 소리 내어 잘 읽는 구도口到, 둘째는 눈으로 잘 보는 안도眼到, 셋째는 마음으로 잘 읽는 심도心到가 있습니다. 이 중에서 가장 중요한 것이 심도입니다. 정신을 통일하여 읽는 심도의 습관은 나의 독서력을 높여줍니다. 음악을 듣거나 텔레비전을 보면서 독서를 하는데 이는 잘못된 습관이므로 고쳐야 합니다.

책을 많이 읽는 것은 좋은 일이지만, 나쁜 책을 읽는 것은 차라리 읽지 않는 것만 못합니다. 요즘 만화책을 보면 욕설이 많고 문법적으로 맞지 않는 이상한 표현이나 비어, 은어도 많이 쓰여 있으며, 살인, 폭력과 관련되는 나쁜 장면이 많아서 이런 것을 많이 읽다 보면 여러분의 언어와 생각을 병들게 합니다. 그러므로 담임선생님이나 부모님 또는 사서 선생님에게 좋은 책을 추천받아서 읽는 것이 좋습니다.

독서는 친구를 사귀는 것과 같다

책 속에는 훌륭한 사람들이 살아온 발자취와 그들의 생각, 사상, 경험이 잘 나타나 있습니다. 우리는 짧은 시간에 많은 지식과 지혜와 경험을 얻기가 힘듭니다. 그러나 책을 읽음으로써 훌륭한 사람들의 지식과 지혜 그리고 경험을 짧은 시간에 모두 체험할 수 있습니다. 중국의 문학자인 임어당 선생님이 '독서는 친구를 사귀는 것과 같다'고 말한 것은 독서를 통해서 유명한 분들과도 만날 수 있고, 그분들이 가르치는 것과 이야기하는 것들을 찾을 수 있으며 배울 수 있게 됨을 뜻하는 것입니다.

사람이 책을 만들지만 책은 사람을 만듭니다. 책을 읽는 사람들이 희망찬 미래를 만듭니다. 독서는 나를 멋지게 다듬어 주는 거울입니다.

 자유롭게 생각해보기

어른들은 자주 "텔레비전이나 인터넷보다는 책을 읽어라. 우리가 어른이 되어서 펼칠 세상을 밝게 하는 건 독서이다"라고 말씀하십니다.
이 말에 대한 나의 생각을 자유롭게 이야기해볼까요?

10

실수는 인간이, 용서는 신이

서로 이웃해 있는 두 가정의 이야기입니다. 한 집에서는 늘 웃음소리가 끊이지를 않습니다. 그런데 그 이웃집에서는 늘 싸우고 시끄럽고 가족들이 항상 우울해하고 있었습니다.

어린 아들이 방문을 급하게 열고 나오다가 마루에 있는 물그릇을 엎지르고 무릎을 다쳤습니다.

늘 시끄러운 집에서 어머니가 소리를 지릅니다.

"야! 이 녀석아, 눈은 어디에 두고 그렇게 덤벙대니!"

그러자 이 말을 들은 아들은 대답합니다.

"누가 물그릇을 문지방 앞에 두랬어요?" 하고 불평을 하였습니다. 어머니와 아들은 서로 얼굴을 붉혔습니다.

그러나 화목한 집안의 어머니가 말합니다.

"애야, 어디 다친 데는 없느냐? 내가 물그릇을 잘못 놓아서 그렇게 되었구나."

아들이 대답합니다.

"아닙니다. 어머니, 제가 실수를 했습니다."

둘이서 엎질러진 물을 함께 닦으며 웃습니다.

인간이 행복하지 않은 이유

오늘날 우리나라 사람들은 옛날보다 물질적으로 매우 풍요롭게 살고 있습니다. 그렇지만 옛날사람들보다 더 행복하다고 자신 있게 말할 수 있는 사람은 드뭅니다. 그것은 바로 인간관계에서 여유 있는 마음, 너그러운 마음이 부족하여서 다른 사람의 실수를 덮어주고 위로해주는 마음이 부족하고 메말라가기 때문입니다. 사람들에게 어떤 일이 일어났을 때 자기 자신만 먼저 생각하는 사람들이 늘어나고, '남에게 양보만 하다가는 언제 내 몫을 찾겠느냐?'는 이기적인 생각을 하는 사람들이 많아지기 때문입니다. 또 자신의 실수는 그럴 수도 있다고 합리화하면서 남의 실수는 용서하지 못하겠다는 이기적인 사람들이 늘어나고 있기 때문이라 할 수 있을 것입니다.

실수에 너그러운 자세

영국의 시인 포프Pope는 용서에 대하여 "실수하는 것은 인간이요, 용서하는 것은 신이다"라고 말했습니다. 인간은 완전한 존재가 아니므로 누구나 실수를 할 수 있기 때문에 신도 인간의 실수를 용서한다는 말입니다.

또 중국의 채근담菜根譚은 "사람을 대할 때는 너그럽게 대하는 것이 복이 되니, 남을 이롭게 하는 것은 자기를 이롭게 하는 바탕이 된다"고 하였습니다. 남에게 존경을 받거나 친구들이 많은 사람들의 공통점은 남의 잘못을 용서해주며 잘 이해하여 주는 사람들입니다. 내 주변에서 친구가, 부모님이, 동생이, 언니, 누나, 선생님께서 어떤 실수를 하였을 때 이해하고 용서하는 모습을 보여주어야 합니다. 나의 여유 있는 마음, 너그러운 마음, 실수를 덮어주고 위로해주는 마음, 잘못을 이해하고 용서하는 마음이 나의 화목한 가정, 우리의 행복한 공동체를 함께 만들 수 있습니다. 남의 잘못을 멋지게 용서해주는 나는 더 멋진 사람입니다.

 자유롭게 생각해보기

다음 이야기를 읽고 내가 용서를 하여야 할 친구나 이웃이 있는지 생각하여보고 나의 마음을 전해주세요.

> 어느 날, 미술 시간이 끝난 다음에 혜숙이는 경실이 옆을 지나가다가 물통을 건드려서 엎질렀습니다. 경실이가 한 시간 동안 그린 그림이 엉망이 되고 말았습니다. 혜숙이는 어쩔 줄을 모르며 걸레를 가져다가 닦았습니다. 그런데 뜻밖에도 경실이는 웃는 얼굴로 "혜숙아. 이건 내가 물통을 책상 끝에 놓았기 때문이야. 모두가 내 탓이야" 하면서 함께 닦았습니다. 혜숙이는 그만 눈물이 핑 돌았습니다. 앞으로 경실이가 나한테 어떤 실수를 해도 화내지 않을 것 같습니다. 그리고 평소 경실이에게 친한 친구가 많은 까닭을 이제야 알았습니다.

우리 가정이 화목하면 세상도 행복해지지 않을까요? '화목한 우리 집'을 위하여 여러분이 해야 할 일은 무엇인지 생각해보고, 가족 모두와 이야기 나눠보세요.

11

역지사지 易地思之의 마음

어느 마을에 환갑잔치를 몇 년 앞둔 한 노인이 있었습니다. 어느 날 그 노인은 세 며느리를 불렀습니다. 먼저 첫째 며느리에게 물었습니다.

"첫째야, 너는 내 회갑 때 무엇을 선물하겠느냐?"

"예, 소를 잡아 드리겠습니다."

다음에는 둘째 며느리에게 물었습니다.

"예, 저는 돼지를 잡아 드리겠습니다."

노인은 기분이 매우 좋았습니다. 셋째 며느리에게 물었습니다.

셋째 며느리는 머뭇거리면서 "예, 저는… 그때 가봐야 알겠습니다."

셋째 며느리의 말을 들은 노인은 기분이 상하여 셋째 며느리에 대하여 매우 언짢게 생각을 하였습니다.

그런 일이 있은 뒤에 셋째 며느리는 '아버님의 환갑잔치에 무엇으로 기쁘게 해 드릴 수가 있을까?' 하고 생각해보았습니다.

그리고 며칠 후 셋째 며느리는 시장에 가서 병아리를 사다가 정성껏 길렀습니다. 병아리가 어미 닭이 되고 어미 닭이 낳은 달걀을 내다 팔아 돈을 모아 돼지 새끼를 사다가 또 정성껏 키웠고 또 그 돼지를 팔아서 송아지를 사고 이를 또 정성껏 키워서 큰 소가 되었습니다.

어느덧 노인의 환갑잔치 날이 되었습니다. 이날 첫째와 둘째 며느리는 아무런 선물도 못하였지만 셋째 며느리는 시아버지에게 자기가 키운 소를 잡아서 생일 선물을 하였습니다.

노인이 생일에 셋째 며느리에게 말하였습니다.

"물은 건너봐야 그 깊이를 알고, 사람은 지내봐야 그 마음을 안다더니 셋째가 최고로구나. 정말 고맙구나, 셋째야!"

상대방의 입장에서 이해하려는 마음

위의 이야기에서 첫째와 둘째 며느리는 말만 앞세우고 실천을 하지 않았습니다. 그러나 셋째 며느리는 부모님의 입장에서 필요한 것이 무엇인지를 생각하고 행동으로 실천하였기 때문에 큰 기쁨의 선물을 드릴 수 있었습니다.

우리는 학교나 사회에서 많은 사람들을 만나면서 살아가고 있습니다. 만나는 모든 사람들이 여러분들에게는 소중한 사람들이며 여러분 또한 그들에게 소중한 한 사람입니다. 그러므로 좋은 인간관계를 위해서 먼저 남에게 좋은 일이 있으면 함께 기뻐해주고, 슬픈 일이 있으면 위로해주는 마음이 있어야 합니다.

남을 괴롭혀서 즐거움을 찾는 사람이 있다면 그는 정상적인 사람이 아닙니다. 자기가 괴롭힘을 당할 때를 생각해야 합니다. 상대보다 강하다고 약한 사람을 괴롭히는 일은 비겁한 행동입니다. 무슨 일을 할 때는 입장을 바꿔서 생각해보면 자신의 행동에 조심을 하게 될 것입니다. 이것이 **역지사지**易地思之의 마음입니다. 상대방의 입장에서 생각하여 이해하려는 것이 역지사지 마음의 시작입니다.

다음은 역지사지易地思之 마음을 실천으로 옮길 수 있는 일들입니다.

첫째, 공중질서 지키기에서 역지사지의 행동 실천입니다.
남이 길거리에 뱉어 놓은 침은 참 불쾌하게 보입니다. 내가 뱉은 침도 남에게는 불쾌하게 보입니다. 남이 목욕탕에서 장난치고 떠들면 내게도 시끄럽고 불쾌한 일입니다. 내가 목욕탕에서 떠들고 물장난하면 다른 사람에게는 시끄럽고 불쾌한 일입니다.

둘째, 친구와의 사귐에서 역지사지의 행동 실천입니다.
내가 친구에게 "사랑해!"라고 이야기하면 친구도 나에게 "사랑해!"로 답해 옵니다. 내가 친구에게 "미안해!"라고 이야기하면 친구도 나에게 "괜찮아!"라고 이야기해 옵니다. 내가 친구에게 "고마워!"라고 이야기하면 친구도 나에게 "감사해!"라고 답해 옵니다.

‘내가 남에게 베푼 만큼 나에게도 돌아온다’는 것은 인간관계에서의 진리입니다. 그러므로 여러분 자신부터 사람들에게 소중한 사람이 되기 위한 노력을 게을리하지 말아야 할 것입니다. 속이 깊은 멋진 사람은 상대방의 입장에서 내가 무엇을 하면 좋겠는지를 먼저 생각하며, 이런 ‘역지사지’의 생각은 나를 멋지게 만들어 줍니다.

 자유롭게 생각해보기

‘남의 입장을 생각하지 못하고 행동했던 나’, ‘나의 입장을 생각하지 못하고 행동했던 남’의 여러 일들을 떠올려보고, 함께 이야기해볼까요?
내가 다른 사람들에게 역지사지易地思之의 마음을 실천해본 경험을 소개해주세요.

12

유리 거울과 마음의 거울

사람들은 하루에도 열두 번씩 거울을 본다고 합니다. 특히 아름다움을 원하는 사람들은 잠시 틈만 있으면 거울을 보면서 얼굴을 다듬습니다. 거울에는 사람 외부의 모습을 잘 볼 수 있는 거울도 있지만 눈으로는 볼 수 없고 생각과 마음으로만 볼 수 있는 '마음의 거울'도 있습니다.

옛날 그리스의 철학자 아리스토텔레스는 교육을 받은 사람과 받지 못한 사람의 차이를 산 사람과 죽은 사람으로 비유했습니다. 즉 사람은 사람다운 성격과 됨됨이를 가져야 하고 이는 배우고 가르치는 데서 훌륭하게 잘 길러질 수 있다는 것입니다.

사람의 훌륭한 품성은 꾸준한 자기 성찰_{외부의 모습을 잘 볼 수 있는} 거울과 마음의 거울을 통하여 길러지는 것입니다. 자기 성찰로 좋은 품성을 잘 가꾸는 방법을 생각해봅시다.

첫째, 큰 꿈을 가꾸어 나가는 일입니다.

꿈이란 희망을 말합니다. 사람은 누구나 꿈을 갖고 살아갑니다. 비록 지금은 힘들고 괴롭지만 희망이 있는 사람은 활기가 넘치고 행복합니다. 큰 꿈을 세울 때는 부모님과 선생님의 조언을 받으면 좋습니다. 그리하여 자신의 소질과 능력을 정확히 파악하여 자신에게 알맞은 꿈을 세워야 합니다.

'대도순일'이 지은 『잠재력의 기적』이란 책에서는 성공의 비결을 '나는 나의 꿈을 꼭 이룰 수 있다'라고 수없이 마음속으로 다짐하고 소리 내어 외치라고 이야기합니다. 이것을 자성예언自成豫言이라고 하며, 자성예언을 반복하는 사람은 그 꿈을 향해 생각하고 꾸준히 노력하게 되므로, 그 꿈을 이룰 수밖에 없는 것입니다.

둘째, 좋은 품성을 가꾸어 나가는 일입니다.

품성品性이란 인격人格을 말합니다. 인격을 갖춘 사람은 남에게 존경을 받습니다. 인격을 갖춘 사람은 겸손하고 예절 바르며 개성을 잃지 않으면서도 남을 이해하고 친절한 성격을 갖춘 사람을 말합니다. 나를 생각하기 전에 남의 입장을 먼저 생각하며, 남에게 피해를 주지 않고 더불어 사는 마음가짐을 갖도록 노력하는 것입니다.

셋째, 좋은 버릇을 가꾸어 나가는 일입니다.

사람은 말하는 방법과 행동하는 방법과 생각하는 방법에 따라서 어떤 버릇이 생겨납니다. 언제나 고운 말을 쓰고 착한 행동을 하며 좋은 생각만 하는 사람은 좋은 버릇이 몸에 배게 되지만, 상스러운 말, 거친 행동, 나쁜 생각만 하는 사람은 자신도 모르게 나쁜 버릇이 생기게 마련입니다.

넷째, 단정한 용모를 가꾸어 나가는 일입니다.

용모가 단정한 사람은 남에게 호감을 줍니다. 머리를 가지런히 빗고, 몸을 깨끗이 하며, 옷을 단정히 입고, 언제나 웃는 사람을 보면 서로 친해지고 싶어집니다.

예로부터 사람을 평가할 때 그의 신身-용모 · 언言-말씨 · 서書-학식 · 판判-판단력을 봅니다. 네 가지 중에서도 용모를 으뜸으로 삼은 것을 보면 용모가 얼마나 사회생활에 중요한가를 알 수 있습니다.

마음의 거울로 나를 매일 비춰봅시다

매일매일 거울을 봅시다. 바른 품성과 버릇은 마음의 거울로, 단정한 용모는 유리거울로 봅시다. 거울 속에 비친 나를 멋진 모습으로 가꾸어 갑시다.

이런 두 가지의 거울로 자신의 모습을 항상 비추어 나의 허물은 고치고 좋은 품성은 더욱 다듬어서 '좋은 품성의 멋진 나'를 만들어야 하겠습니다. 어린 시절부터 훌륭한 품성을 가지도록 노력하는 것은 장차 '멋진 나'를 만들어주는 밑받침이 됩니다.

 자유롭게 생각해보기

학교와 가정에서 윗사람들에게 가장 많이 주의를 받거나, 고쳐야 할 버릇이라고 이야기 듣는 일은 무엇인지 생각해보고, 그 버릇을 어떻게 고쳐 나갈 것인지 '나의 다짐'을 이야기해볼까요?

13

잘되면 내 탓, 잘못되면 남의 탓

우리나라 사람들이 좋아하는 음악 중에 '사계'라는 곡이 있습니다. 이 곡을 작곡한 사람은 지금부터 약 300년 전 이탈리아에서 태어난 비발디라는 세계적인 작곡가입니다. 비발디는 약 770여 개의 음악을 작곡하고 바이올린으로 연주하는 연주가이기도 하였습니다.

어느 날 비발디가 세계에서 최고로 훌륭하다고 평가되는 바이올린인 스트라디바리우스로 연주를 하는 날이었습니다. 비발디가 스트라디바리우스 악기로 연주한다는 소문이 나자 베네치아에 있던 연주 홀은 초만원을 이루었습니다.

이윽고 연주가 시작되었습니다. 청중

들은 비발디의 아름다운 선율에 깊이 빠져들었습니다. 청중들은 "역시 악기가 좋으니까, 저렇게 멋진 소리가 나는구나!" 감탄을 했습니다.

그런데 연주에 열중하던 비발디는 갑자기 연주를 멈추었습니다. 그리고 바이올린을 머리 위로 높이 들어 올렸다가 힘껏 바닥에 내리치는 게 아니겠습니까? 비싸고 훌륭하다고 평가되던 스트라디바리우스 바이올린은 산산이 부서졌으며, 청중들은 놀라 소리치며 모두 자리에서 일어났습니다. 그때 사회자의 조용한 목소리가 들려왔습니다.

"여러분 놀라지 마십시오. 저것은 스트라디바리우스가 아닙니다. 아주 값이 싼 바이올린입니다. 비발디 선생이 바이올린을 깨뜨린 이유는 참된 음악이란 좋은 악기 때문이 아니라는 것을 여러분에게 보여드리고자 했기 때문입니다."

비발디가 연주하는 음악은 좋은 악기 때문이었다고 생각했던 많은 청중들은 자신들의 생각을 매우 부끄러워하였습니다.

잘되면 내 탓, 잘못되면 남의 탓

우리는 흔히 내가 하는 일이 잘못되거나, 하고 싶은 일이 원하는 대로 잘 되지 못할 경우에 그 원인을 남의 탓으로 돌리는 경우가 있습니다. 공부가 잘 안될 때 공부방이 없어서 공부를 할 수 없다든가, 부모님이 물건을 사주지 않아서 공부를 못한다고 투덜거리거나, 동생과 다투다가 부모님께 꾸중을 들을 때 동생 때문에 꾸중을 들었다고 책임을 동생에게 넘기거나, 복도에서 친구와 함께 뛰다가 선생님께 주의를 받을 때도 "너 때문이야!"라고 책임을 남에게 돌리는 경우가 많습니다.

우리나라 속담에 '잘되면 내 탓, 잘못되면 조상 탓'이라는 말이 있습니다. 또 '목수가 연장 나무란다'는 말도 있습니다. 이는 나에게 일어나는 나쁜 일들은 모두 남 때문이라고 생각하는 사람들에게 잘 어울리는 말입니다. 자신을 되돌아보는 자기반성의 태도는 '멋진 나'의 품격을 한 단계 높여줍니다.

 자유롭게 생각해보기

내게 불리했거나 잘못된 결과가 일어난 일에 대해 나는 어떻게 행동하였는지 되돌아보세요. 나의 고칠 점은 무엇인가요?

14

정직한 사람이기 때문에 좋아한다

인도의 간디에게 한 어머니가 찾아왔습니다.

"선생님, 우리 아들이 설탕을 너무 많이 먹어서 걱정입니다. 설탕을 많이 먹는 것은 몸에 해롭다고 이야기하여도 말을 듣지를 않습니다. 선생님께서 아들에게 설탕을 많이 먹지 않도록 타일러주십시오."

"지금은 안 됩니다. 이 아이를 일주일 후에 다시 나에게 데리고 오십시오."

일주일 후에 그 여인은 아들과 함께 다시 왔습니다.

"선생님! 우리 아들에게 설탕을 먹지 않도록 단단히 말씀해주세요."

간디는 소년에게 설탕을 즐겨 먹는 것을 포기하려면 어떻게 해야 하는지에 대해 열심을 다해 설명을 해주었습니다.

"선생님, 앞으로는 설탕을 많이 먹지 않겠습니다."

감사의 인사를 하고 돌아가려던 어머니가 다시 물었습니다.

"왜 지난주에 이야기해주지 않고, 오늘 이야기해주십니까?

"예, 지난주에는 나도 설탕을 먹고 있었기 때문이죠."

간디는 자신도 설탕을 먹는 약점을 가지고 있었기 때문에 어린아이에게 설탕을 먹지 말라는 이야기를 할 수가 없었던 것입니다. 일주일 동안 간디는 설탕을 먹지 않으려고 노력을 하였던 것입니다. 그리고 자신의 단점을 고치고 난 후에야 남에게도 설탕을 먹지 말라고 자신 있게 이야기를 한 것입니다.

이렇게 정직한 행동으로 다른 사람에게 신뢰를 얻었던 간디 Mahatma Gandhi는 후일 인도의 훌륭한 민족 지도자가 되어 나라의 독립을 이끌었고 그의 정신은 인도를 비롯한 세계의 존경받는 지도자로 기억되고 있습니다.

사람들이 가장 좋아하는 사람은 정직한 사람

어떤 연구에서 사람들은 자신과 관계하는 사람들에게 "가장 좋아하는 점은 무엇인가?" 하고 물었습니다. 그랬더니 87%의 사람들은 "정직한 사람이기 때문에 좋아한다"라고 이야기하였답니다.

신뢰信賴란 '굳게 믿고 의지하는 것'을 의미합니다. 병원을 찾은 환자가 의사 선생님을 신뢰하지 못한다면 병을 잘 치료하지 못할 것이며, 학생이 선생님을 신뢰하지 못한다면 잘 배우지도 못할 것입니다.

우리는 많은 사람들과 어울려서 함께 살아가고 있습니다. 이때 사람들과의 관계에서 신뢰가 없으면 사람들 사이에 비밀이 생겨나고, 의심하는 마음과 이를 방어하려는 마음이 생겨나게 됩니다. 그렇게 되면 점차 대화의 기회가 줄어들게 되고 어려운 일이 생기게 됩니다. 특히 사람들 사이에서 신뢰를 받지 못한 지도자는 다른 사람을 움직일 수가 없게 됩니다. 그러므로 사람들에게 신뢰를 받는 사람이 되기 위한 노력을 끊임없이 해야 할 것입니다.

첫째, 자기 자신에게 정직한 사람이 되어야 합니다.

자기 자신에게 정직하지 못한다면 남에게도 정직한 행동과 말을 할 수 없습니다. 평상시 가족이나 친구나 웃어른들께 정직한 말과 행동으로 신뢰를 쌓아나가야 합니다.

둘째, 다른 사람을 대할 때 절대적으로 정직하여야 합니다.

여러분들이 하겠다고 한 일은 반드시 정직한 실행으로 옮겨야 합니다. 비록 자신에게 불리한 약속이라도 약속한 일을 실천으로 옮길 때 상대방으로부터 신뢰의 점수를 더 많이 쌓아가게 될 것입니다.

셋째, 다른 사람의 행동에도 신뢰하는 믿음을 보여주어야 합니다.

사람들과의 관계에서 나 자신도 정직하여야 하지만 다른 사람의 행동을 믿고 신뢰한다는 나의 마음과 행동을 보여줄 때 서로의 신뢰하는 마음은 깊어지게 될 것입니다.

내가 다른 사람에게 믿음직한 사람으로 인정받기 위해서는 철저하게 정직하고 또 정직하여야 합니다. 나의 정직한 생활이 다른 사람으로부터 신뢰를 받게 되고 '멋진 나'를 만들어 주는 밑거름이 됩니다.

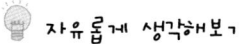 자유롭게 생각해보기

　'시험 시간에 감독하는 선생님이 없다면 어떨까?'에 대한 나의 생각을 자유롭게 이야기해볼까요?

15

친구들은 나를 어떻게 생각하고 있을까?

학교 공부를 하는 사람은 세 가지의 기쁨을 얻을 수 있다고 하였습니다. 첫째는 많은 지식을 배우는 것이고, 둘째는 좋은 선생님을 만나는 것이며, 셋째는 좋은 벗을 사귀는 것입니다. 특히 좋은 벗, 친구를 사귀며 우정을 나누는 일은 매우 소중한 일입니다.

옛날 중국의 유명한 역사가인 사마천이 쓴 『사기』라는 책에 **"어떤 사람을 알려면 그의 친구를 보라"**는 말이 있습니다. 이 말은 나의 모습이 다른 사람에게 어떻게 비치게 되는지에 대한 말이라고 생각됩니다. 내가 사귀는 친구가 훌륭한 사람이면 나의 모습도 훌륭하게 비치게 될 것이고, 내가 가까이하고 있는 사람이 나쁘거나, 깨끗하지 못한 사람이면 나 또한 다른 사람에게 나쁜 사람, 깨끗하지 못한 사람으로 여겨지게 된다는 이야기입니다.

친구의 모습은 곧 나를 비추는 거울과 같은 존재입니다.

'친구'의 모습은 여러 가지 모습으로 다가옵니다.

첫째, 꽃과 같이 좋을 때만 다가오는 친구입니다.

이는 내게 좋은 일이 있을 때만 찾아오는 친구입니다. 꽃은 피어 있을 때는 그 아름다움을 칭찬하고 가까이 가보고 즐기려고 합니다. 그러나 꽃이 지고 나면 대부분 돌아보는 이가 줄어들게 됩니다. 내게 좋은 일이 있을 때만 찾아오는 친구는 바로 꽃과 같은 친구라고 할 수 있을 것입니다.

둘째, 저울과 같이 이익을 따져가며 다가오는 친구입니다.

저울은 무게에 따라 이쪽으로 또는 저쪽으로 기울게 됩니다. 그와 같이 나에게 이익이 있나 없나를 따져가며 이익이 큰 쪽으로만 움직이는 친구가 바로 저울과 같은 친구라고 할 수 있을 것입니다.

셋째, 산과 같이 마음이 든든하게 다가오는 친구입니다.

산이란 온갖 새와 짐승을 품어 주고 멀리에서 보거나 가까이에서 보거나 언제나 그 자리에서 반겨줍니다. 이처럼 언제나 생각만 해도 편안하고 마음 든든한 친구가 바로 산 같은 친구라고 할 수 있습니다.

넷째, 땅과 같이 한결같은 마음으로 다가오는 친구입니다.

땅은 모든 생명을 길러 주고 곡식을 길러 먹을 것을 제공하여 주며, 누구에게나 조건 없이 은혜를 베풀어줍니다. 언제나 한결같은 마음으로 나와 함께 있어주고, 아무 조건 없이 마음을 지켜 주는 땅과 같은 친구입니다.

유유상종類類相從이라는 말이 있습니다. 이 말은 성격이나 인품이 비슷한 사람끼리 친구가 되기 쉽다는 뜻으로 쓰입니다. 내가 훌륭한 사람이라면 나의 친구도 훌륭한 사람이 많게 될 것이고, 내가 보잘 것 없는 시시한 사람이라면 나의 친구 또한 시시한 사람이 많을 것이라는 의미도 될 것입니다.

미국의 사상가 에머슨Emerson은 **"친구를 얻는 유일한 방법은 자기가 먼저 친구가 되는 것이다"**라고 하였습니다. 자기가 좋은 친구로서 신뢰를 받고 사랑을 주는 사람이 되면 다른 사람도 그 사람을 위해서 친구가 되어준다는 뜻입니다. 그러므로 친구를 사귈 때에는 잘 선택해서 사귀어야 한다는 의미도 됩니다.

여러분은 내가 친구라고 생각하는 친구들이 나를 어떻게 생각하고 있을까요?

좋은 친구를 사귀기 위해서는 우선 자기 자신부터 좋은 친구가 될 수 있는 노력을 해야 할 것입니다. 먼저 '멋진 나'가 되어야 멋진 친구를 만들 수 있습니다.

 자유롭게 생각해보기

지금 나의 친구는 누구인가요?

그 친구가 가정 사정으로 또는 남이 모르는 문제를 안고 괴로워하고 있을 때 어떻게 했나요? 위로를 해주거나 친구들과 힘을 합해 어려움을 도와주었나요?

'유유상종'이란 말과 '친구는 나의 거울이다'라는 말의 의미를 생각해보고 좋은 친구를 사귀기 위해 내가 노력할 점들을 이야기해보세요.

16

톨스토이의 약속과 '프라우다'

러시아의 세계적인 작가 톨스토이Lev Nikolayevich Tolstoy가 어느 시골을 여행하고 있었습니다. 여행에 지친 그는 개울가에서 백합꽃 수가 놓인 가방을 옆에 놓고 잠시 쉬고 있었습니다. 마침 개울가에서 어머니의 손을 잡고 가던 어린 소녀가 톨스토이의 가방을 탐내며 어머니에게 가방을 달라며 칭얼거리고 졸라대기 시작했습니다. 그의 가방에는 세면도구와 책 등이 들어있어서 당장은 그 소녀에게 줄 수가 없었습니다. 톨스토이는 어린 소녀와 약속을 했습니다.

"애야, 며칠 후에 이곳에 다시 와서 가방을 주겠다."

며칠 후 톨스토이는 약속대로 소녀의 집을 찾아왔습니다. 그런데 소녀는 갑작스러운 병으로 인해 이미 세상을 떠난 후였습니다. 이튿날 톨스토이는 그 소녀 어머니의 안내를 받아 무덤을 찾아가서, 소녀의 무덤 앞에 있는 돌 십자가에 백합꽃 수가 놓인 그 가방을 걸어주었습니다.

"이제 아이가 죽고 없으니 가지고 돌아가 주십시오."

어머니가 말했습니다.

"아닙니다. 따님은 비록 죽었지만 약속한 제 마음은 죽지 않았습니다. 나는 그 마음을 배반하고 싶지 않습니다."

그 후 세월이 지나 톨스토이와 소녀의 이야기는 마을 사람들에 의해 널리 알려졌습니다. 어느 날 누군가가 소녀의 무덤에 찾아와 돌 십자가에 가방을 조각했습니다. 그리고는 '**프라우다**Pravda'라고 비명을 크게 새겨놓았습니다. 그때부터 그 소녀의 무덤은 '양심, 진실, 약속'의 의미가 담긴 '**프라우다**'라는 이름의 작은 명소가 되었습니다.

(출처: 초등교사 커뮤니티, 키드니아)

'**프라우다**Pravda'라는 말은 '양심, 진실, 약속'이라는 뜻이 담겨 있는 러시아 말입니다. 오늘날 우리 생활은 '약속'의 연속에서 하루하루를 지내고 있습니다. 약속은 말이나 문서 또는 만남의 행사로 이루어집니다. 이런 모든 약속들은 어떤 경우에서든지 잘 지켜질 때 서로 신뢰감이 생기고 사람들끼리 정답고 행복하게 잘 살 수 있는 것입니다.

약속을 하는 것보다 실천이 더 중요

옛날 속담에 '화장실 갈 때와 다녀와서의 마음이 다르다'는 말이 있습니다.

우리 사람은 혼자가 아니라 두 사람 이상이 모여서 공동체를 이루며 함께 살아가는 존재입니다. 그래서 알게 모르게 서로 관계를 맺고 법과 질서를 지키고, 도덕이나 윤리 규범을 함께 지키면서 살아가고 있습니다.

'프라우다'의 비명에서처럼 아무리 작은 약속이라도 소중히 여기는 톨스토이의 마음이 그를 더욱 빛나게 해주고 우리에게 큰 감동을 줍니다. 작은 약속도 소중하게 여기는 마음은 나를 멋지게 해주는 일입니다.

 자유롭게 생각해보기

> 부모님, 선생님, 친구들과 했던 약속은 무엇이 있나요? 자신이 다른 사람들과 한 약속을 잘 지키고 있는지 생각해볼까요?
> 약속을 지켰을 때와 약속을 지키지 못했을 때 나의 마음은 어떠했는지 각자의 속마음을 서로 나눠보세요.

17
품위 있는 말

　어느 정육점 주인 이름은 박상길입니다. 어느 날 선비 두 사람이 이 정육점에 고기를 사려고 들어왔습니다.

　김 선비는 "얘, 상길아 고기 한 근 다오"라고 말했습니다.

　이 선비는 "박 서방, 고기 한 근 주시게나"라고 말했습니다.

　잠시 후 박상길이 가지고 나온 고기를 살펴보니 김 선비에게 주는 고기보다 이 선비에게 주는 고기가 질도 좋고 양도 많았습니다. 그래서 화가 난 김 선비가 따졌더니 이렇게 답하였습니다.

　"예, 김 선비님의 고기는 상길이가 잘랐고, 이 선비님의 고기는 박 서방이 잘랐습니다."

　같은 말이라도 상대방의 인격을 존중하는 말을 해야 한다는 교훈이 담긴 이야기입니다. 옛 속담에 '말 한마디에 천 냥 빚을 갚는다'는 말과 같이 나의 말 한마디가 남을 감동시키기도 하지만 말 한마디 잘못하여서 인간관계가 나빠지고 심하면 목숨을 잃거나 패가망신하기도 합니다.

우리는 이렇듯 소중한 말을 함부로 할 수도 없고, 그렇다고 말을 하지 않고 살 수도 없습니다. 어떻게 하면 나의 인품을 높이는 말을 하게 될까요?

첫째, 마음에 있는 진실된 말을 합니다.

내 입에서 나오는 말은 나의 마음을 보여주는 거울과도 같습니다. 마음이 즐거울 땐 부드럽고 상냥한 말이 나오게 마련입니다. 그러나 내 마음이 화가 나 있으면 거칠고 퉁명스러운 말이 나오게 됩니다. 경우에 따라서 거짓말을 할 때도 있습니다. 그러나 어떤 경우라도 나의 인품을 높이는 말을 사용하여야 합니다. 조금은 서툴더라도 마음속에서 우러나오는 진실된 말은 나의 인격을 높이는 말입니다.

둘째, "친구야, 우리 고운 말을 쓰자"고 서로 약속하고 실천합니다.

아무리 친한 친구 사이라도 고운 말을 써야 합니다. 요즘 어린이들의 대화를 들어 보면 "야, X새끼야", "야, X팔", "O나 짜증나", "멍청이!", "나쁜 놈", "야, 바보야", "이 똥개야", "미친놈", "쩐다(대단하다)" 등 욕설이나 좋지 못한 비속어를 쓰는 경우를 많이 보게 됩니다.

2010년 어느 연구에서 우리나라 초·중·고 학생 1,260명을 대상으로 언어 사용 실태를 조사한 결과를 보면 73%가 매일 욕을 사용한다고 하였습니다. 욕을 하는 이유는 '습관적으로'가 26%, '남이 사용하니까'가 18%, '스트레스 해소를 위해서'가 17%, '친근감 표시'가 16%라고 대답하였습니다.

또 어떤 연구에서 학교 폭력의 피해 중 언어폭력을 당한 학생 중에서 "죽을 만큼 고통스러웠다"고 대답한 학생이 23.3%라는 조사 결과도 있습니다.

셋째, 남의 흉을 보는 말을 하지 않아야 합니다.

다음 시조를 읊어보고 의미를 새겨봅시다.

세상 사람들이 입들만 성하여서
제 허물은 잊고 남의 흉만 보는구나.
남의 흉보지 말고 제 허물부터 고치거라.

남의 흉을 보기 전에 자기 허물부터 고치라는 교훈을 담고 있습니다. 어린이들이 바르지 못한 언어를 사용한 결과는 듣는 사람도 심한 스트레스를 받아 괴로워하게 되지만, 말하는 사람도 자신의 인품을 떨어뜨려서 스스로의 인격을 손상시키게 됩니다. 그러므로 남을 흉보는 말을 하지 않도록 스스로에게 약속하고 실천해야 합니다.

품위 있는 말은 나를 멋있게 만든다.

사람이 살아가는 데 말이 차지하는 비중이 80% 정도라고 합니다. 우리 생활의 전부라고 해도 과언이 아닌 것 같습니다. 내 입에서 나오는 바르고 고운 말은 나의 인격을 높이는 소중한 재산입니다. 또 큰 힘을 들이지 않고도 남에게 기쁨을 줄 수 있는 방법이기도 합니다. 품위 있는 말은 '멋진 나'를 만들어 줍니다.

 자유롭게 생각해보기

다음 옛시조를 읽고 생각되는 교훈은 무엇인지 생각해 보세요.

말하기 좋다 하고 남의 말을 말을 것이
남의 말 내하면 남도 내 말 하는 것이
말로써 말 많으니 말 말을까 하노라

나의 언어생활을 되돌아보고 고칠 점을 이야기해볼까요?

18

개미가 코끼리를 어떻게 이겼나?

개미가 코끼리를 이길 수 있을까요?

어느 숲 속에 작은 개미들이 사는 곳을 옮기기 위해서 떼를 지어서 숲 속을 행진하였습니다. 그 행진 대열은 길고 길었습니다. 숲 속에 있던 많은 짐승들이 수많은 개미들의 움직임을 보고 비명을 질렀습니다.

"큰일 났네! 아이고 무서워! 어서 도망가자!"

밀림의 왕자라 불리는 사자도, 제일 덩치가 큰 코끼리도 비명을 지르며 달아났습니다. 달아나는 코끼리에게 앵무새가 물었습니다.

"에이, 코끼리 아저씨, 작은 개미를 무서워하다니요? 큰 덩치에 안 어울려요!"

"그래, 아! 나는 저 떼를 지은 개미들은 도저히 감당할 수가 없어. 저 개미들의 행진 속에 들어갔다가는 개미 수만 마리가 내 몸에 붙어 살을 뜯어먹을 것이고, 나는 틀림없이 개미들의 밥이 될 거야." 큰 코끼리는 더 깊은 숲 속으로 도망을 쳤습니다.

우리 모두 함께하는 힘

협동協同이란 말에는 '**서로 마음과 힘을 하나로 합하는 것**'의 의미를 담고 있습니다. 옛날 중국의 춘추전국시대에 **묵자**라는 사상가는 '사랑하고 협동하면 다스려지고, 서로 시기하고 미워하면 어지러워진다'고 했습니다. 또 유태인의 속담에 '개가 두 마리 모이면 사자를 이길 수 있다'고 했으며 우리의 속담에도 '백지장도 맞들면 낫다'는 말이 있습니다. 여러분들도 어떤 일을 할 때 친구들과 마음을 합쳐 성공을 하게 되면 마음이 뿌듯하고 더욱 친밀감을 느낀 경험이 있을 것입니다.

협동은 곧 함께하는 힘입니다.

여러 사람들과 함께 협동하는 사회는 보다 큰일을 이루어 낼 수 있는 힘을 만들어 냅니다. 한 사람의 생각보다 여러 사람의 생각이 모여서 보다 큰일을 이루어 낼 수 있기 때문입니다. 다른 사람들과 협동하여 일을 이루는 것은 나를 멋지게 하는 시작입니다.

 자유롭게 생각해보기

> 우리는 지금 함께 어울려서 살아가는 세상 속에 살고 있습니다. '남의 어려움을 모르는 체하는 생활을 하는 사람들은 결국 그 자신이 외톨이가 된다'는 말의 의미를 다시 한 번 생각해볼까요?

제2장

성장하는 나

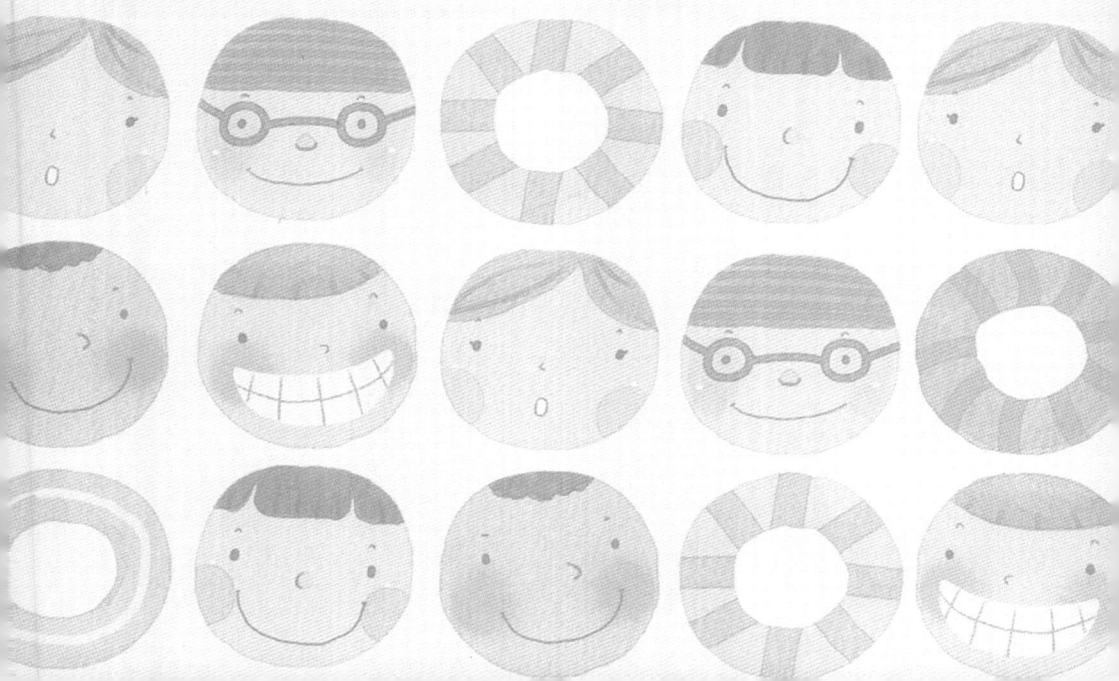

19

기본이 튼튼한 사람

옛날 조선 시대의 어린이들은 학문을 시작할 때 어떤 공부를 가장 먼저 하였을까요? 처음에는 '천자문千字文'이란 한자 공부를 시작하여 '동몽선습童蒙先習'을 배웠습니다. 그다음에는 '소학小學'이란 책으로 공부를 하였습니다. '소학小學'은 사람에게 아주 기본이 되는 내용이 담긴 책으로 과거 시험에 2, 3등을 한 사람에게 임금님이 선물로 주기도 한 책입니다.

'수신제가치국평천하'의 의미

'소학小學'에서는 물을 뿌리고 주변을 깨끗이 청소하는 일, 남의 말에 친절하게 응대하는 일, 항상 몸가짐을 바르게 하는 일, 어버이를 사랑하고 어른을 공경하는 일, 스승을 존중하고 벗과 친하게 지내는 일 등을 가르쳤습니다. 특히 '수신제가치국평천하修身齊家治國平天下가 모든 일의 근본'이라고 가르치고 있습니다. 이는 '사람은 모두 자기 한 몸을 잘 닦고修身(수신), 집안을 화목하게 잘 이

끌며齊家(제가), 나라를 잘 다스려서治國(치국), 세상을 화평하게 하는平
天下(평천하) 것이 모든 것의 근본'이라는 의미입니다.

사람으로서의 기본 도리

어떤 사람이 중이 되고자 처음으로 절에 갔습니다. 절에 있던
주지 스님이 첫 과제를 주었습니다.

"너는 매일 절 마당에 물을 뿌리고 깨끗이 청소하여라. 또 남
과 대화를 할 때는 공손하게 하라. 이 기본이 잘 지켜진 후에 부
처님의 가르침을 배워라."

즉 사람으로서의 기본 도리가 몸에 배도록 익힌 후에 학문에
힘써야 한다는 가르침을 준 것입니다.

'공부'란 어떤 것일까요? 많은 사람들은 뭔가 특별한 지식을
배우는 것만이 공부라고 생각합니다. 그러나 '기본이 되지 않은
사람에게 공부란 아무 소용이 없다'는 말이 있습니다.

오늘날 우리는 공동체 속에서 살아갑니다. 공동체 생활을 하면
서 우리는 많은 것들을 배우고 지킬 것을 약속하며, 이렇게 약속
한 것들을 실천하면서 생활합니다. 공동체 속에서의 '나'는 '얼마
나 많이 아느냐'보다는 '아는 것을 얼마나 잘 실천하느냐'가 더
중요합니다. 왜냐하면 기본이 튼튼하지 않은 사람은 아는 것을
바르게 실천하지 못하기 때문입니다.

밖에서 보면 화려하고 멋진 집인데 집 안은 정리정돈과 청소
가 잘 되지 않은 공간을 흔히 봅니다. 기본이 튼튼하지 않은 집

입니다. 또 유치원생에게 물어봐도 "약속은 꼭 지켜야 해요"라고 말합니다. 그러나 잘 지켜지지 않는 약속들 때문에 우리 사회가 큰 혼란에 빠지는 것을 흔히 보게 됩니다.

기본이 튼튼한 사람

오늘날 사회생활에서 실수나 패배를 하였을 때 다시 일어나 성공하는 사람들을 보면 그들은 대개 기본이 튼튼한 사람들이었습니다. 그러나 기본이 부실한 사람은 한번 넘어지면 좀처럼 재기하기가 어렵고 재기하더라도 또 넘어지는 경우를 많이 봅니다.

우리의 조상들은 '수신제가치국평천하修身齊家治國平天下'의 길을 '소학小學'을 공부하면서부터 잘 실천하여 왔고, 오늘날 우리는 공동체의 사회생활에서 기본이 되는 수신修身, 즉 '자기 한 몸을 잘 닦는修身(수신)' 것들을 유치원에서부터 잘 배웠습니다. 지식 하나 더 배우고 아는 것도 중요하지만 먼저 사람으로서의 도리를 다하는 것, 공동체 속에서의 기본을 잘 지키는 길이 곧 수신제가치국평천하修身齊家治國平天下의 길이며, 긍정적인 삶의 에너지를 최대로 높일 수 있는 길임을 기억하기 바랍니다.

 자유롭게 생각해보기

> '로버트 풀검'은 "내가 정말 알아야 할 모든 것은 유치원에서 배웠다"고 이야기하였습니다. 지금까지 나의 기본적인 생활 방식이나 생각하는 방식에 대해 부모님이나 친구들과 대화를 나누며 고칠 점은 없는지 이야기해볼까요?

최선이란 가장 좋고 훌륭한 것

이야기 하나

평안북도 정주의 어느 부잣집에 머슴살이를 하고 있는 소년이 있었습니다. 그의 꿈은 선생님이 되는 것이었습니다. 이 부잣집 주인은 농사일과 집안일을 머슴들에게 많이 시켰습니다.

보통 머슴들은 주인이 보는 앞에서는 열심히 일하는 척하지만 주인이 뒤돌아서면 게으름을 피웠습니다. 그러나 이 소년은 달랐습니다. 집 안 청소를 할 때에는 눈에 보이는 곳뿐만 아니라 눈에 잘 보이지 않는 집 안 구석구석의 먼지를 쓸어 내고 닦았으며 사람들의 신발이며 변기까지도 항상 깨끗이 닦아놓았습니다.

여러 해 동안 이 소년이 일하는 모습을 지켜본 주인은 그냥 머슴살이를 시키기에는 너무 아깝다고 생각하였습니다. 그래서 그에게 공부를 할 수 있도록 학교에 보내주었습니다. 그토록 원하던 학교에 가게 된 이 소년은 최선을 다하여 공부를 하였습니다.

이 소년은 어느덧 청년이 되어서 그의 꿈이었던 선생님이 되었고 그 후에는 우리나라의 민족지도자가 되어 오늘날까지 많은 사람들에게 존경받는 훌륭한 사람으로 남아있습니다.

이야기 둘

아주 바쁘게 돌아가는 철공소에서 심부름이나 청소 등 잡다한 일을 하던 한 소년이 있었습니다. 그의 꿈은 배우가 되는 것이었습니다. 어느 날 저녁 열심히 일하던 사장은 배가 고팠습니다. 그래서 공장에서 잡일을 하던 소년을 불러 빵을 사오라고 시켰습니다. 바쁜 일정에 식사도 제대로 못하다가 저녁 늦게 빵 봉투를 열어보았습니다. 봉투 안에는 빵과 포도주 한 병이 같이 들어 있었습니다. 사장은 소년을 불러 왜 포도주도 사왔는지 물었습니다.

"사장님은 일이 끝나면 언제나 와인을 드셨습니다. 그런데 오늘 보니 와인이 떨어진 것 같아서 빵과 와인 두 가지를 다 사왔습니다."

이 소년의 관찰력과 열정에 감동을 받은 사장은 소년의 월급을 올려주며 보다 중요한 일까지 맡겨주었습니다. 사장은 그에게 보다 많은 일들을 시켰으나 그때마다 모두 최선을 다하여 일을 성공적으로 마무리하였습니다.

후일 이 청년은 그토록 되고 싶어 하던 배우가 되어 자신의 꿈을 이루었습니다.

조만식 선생님 　　　　　　　찰리 채플린

두 이야기의 주인공은 우리 민족의 지도자인 조만식 선생님과 영국의 유명한 영화배우 찰리 채플린입니다.

최선을 다하는 자세

위의 두 소년들은 자신이 처한 가정환경이나 직장에서 일하는 조건은 그다지 좋지 못했습니다. 그렇지만 그들은 그들의 일터에서 마음을 다하고 최선을 다해 일을 했습니다. 이처럼 최선을 다하는 그들의 태도가 장래의 운명마저 바꾸어주게 된 것이지요.

최선最善이란 '**가장 좋고 훌륭함**'을 의미합니다. 하늘은 스스로 돕는 자를 돕는다고 합니다. 꿈을 가지고 주어진 환경에서 개미처럼 부지런하게, 꿀벌같이 성실하게, 황소 같이 끈기 있게 일하는 사람은 반드시 좋은 결실을 얻게 될 것입니다. '꿈은 이루어진다'

는 말은 '꿈은 최선의 노력으로 이루어진다'고 바꾸어 말할 수 있습니다.

 자유롭게 생각해보기

　　지금까지 내게 주어진 일을 할 때 '나는 **최선을 다하였는가?**'에 대해 자신을 되돌아보고 고칠 점을 생각해볼까요?
　　또 성공한 사람들은 자신의 **어떤 일에, 어떻게 최선**을 다하였는지 예를 찾아보세요.

21

호기심은 잡아두지 않으면 사라진다

우리 주위에 있는 많은 물건이나 동·식물들을 자세히 살펴보면 신기하고 놀랄 만한 것들이 많습니다. 그것들의 모양이나 생김새, 하는 일 등을 관찰하다 보면 평상시에 잘 느끼지 못하던 의문이 생길 때가 있습니다.

'어떻게 만들어졌을까?'

'왜 이렇게 생겼지?'

'무엇을 하는 것인가?'

'어떻게 이렇게 움직이지?' 등 의문이 많이 생기게 됩니다.

여기서 '왜', '어째서', '어떻게' 등 새롭게 알고 싶어 하고, 의문을 가지는 마음이 바로 **호기심**입니다.

과학자 갈릴레이Galilei, Galileo는 성당의 천장에서 흔들리고 있는 등불을 보고 좌우로 흔들리는 물체의 움직이는 원리등시성의 원리를 알아냈습니다. 또 영국의 뉴턴Newton은 길가의 사과나무에서 사과가 떨어지는 것을 보고 지구가 무거운 물체를 끌어당기는 힘만유인력의 법칙이 있다는 법칙을 찾아냈으며, 아르키메데스Archimedes라는 과학자는 목욕탕에서 목욕을 하다가 탕에서 흘러넘치는 물을 보고 '부력의 원리'를 알아냈습니다. 한편 '발명왕'이라 불리고 있는 에디슨Edison은 어릴 때 학교 성적은 별로 좋지 않았으나 호기심과 끈질긴 질문으로 한번 보거나 들은 것은 꼭 알아내려는 탐구심이 있었기 때문에 발명왕이 될 수 있었습니다.

이탈리아에 '베네통benetton'이라는 세계적인 의류업체의 상표가 있습니다. 이는 이탈리아의 기업인 '루치아노'란 사람이 만들었는데 이 기업체가 만들어지는 과정은 아주 간단한 호기심에서부터 시작되었습니다.

'루치아노'는 어려서 옷가게의 점원으로 일하였습니다. 그가 14살 때 그의 누나가 샛노란 스웨터를 선물로 주었습니다. 루치아노는 그 스웨터를 자주 입고 옷가게에 일하러 나갔습니다. 그 당시에는 대부분의 사람들이 검정이나 회색 옷을 많이 입고 다녔습니다. 사람들은 밝고 환한 노란색 스웨터에 많은 관심과 호기심을 나타내게 되었습니다. 많은 사람들이 루치아노에게 물었습니다.

"너는 어디에서 그 스웨터를 샀느냐?"

루치아노는 '음, 사람들에게 호기심을 끌 수 있는 옷을 만들면 성공할 수 있겠다!'라고 생각하였습니다. 그다음에 바로 옷가게를 그만두고 사람들의 호기심을 조사하여 옷을 만들어 내고 이를 많이 팔았습니다. 오늘날 '베네통benetton'은 세계적인 의류 브랜드가 되었고 루치아노는 제조업자로 성공한 기업인이 되었습니다.

호기심이 생겼을 때는 어떻게 해야 할까요?

사람은 누구에게나 호기심이 있습니다. 그러나 그 호기심이 모두 성공으로 이어지지는 않았습니다. 왜 그렇게 되었을까요?

성공한 사람들은 호기심이 생겼을 때 이를 정리하는 습관을 가지고 있었습니다.

1. '호기심 노트'를 만들었습니다.
2. 호기심 노트에 의문이나 생각한 질문들을 기록으로 남겼습니다.
3. 자신의 생각을 그림으로 그리고 말로도 설명해보았습니다.
4. 의문이나 생각한 것을 인터넷에서 검색해보고 사전 등에서 찾았습니다.
5. 결과를 하나하나 잘 정리해두었습니다.

일상생활에서 문득문득 생겨나는 의문이나 호기심은 곧바로 붙잡아두지 못하면 금방 사라집니다. 나의 작은 호기심! 나를 크게 키워 주는 씨앗이 됩니다. '호기심 노트'에 꼭 붙잡아둡시다.

 자유롭게 생각해보기

내가 평소에 가지고 있는 호기심은 어떤 것들인가요?
'호기심 노트'를 만들어 기록한 예를 한 가지씩 소개해주세요.

22

나의 약점을 장점으로 바꾸려면

이탈리아에서 '오페라'를 가장 잘 지휘했다고 칭찬받는 지휘자 토스카니니Arturo Toscanini의 어린 시절 이야기입니다.

훌륭한 지휘자가 되는 것이 꿈이었던 토스카니니는 아주 심한 근시안이라는 약점을 지니고 있었습니다. 그래서 평소에 악보를 모두 외운 후에야 지휘를 하는 자리에 섰습니다.

그가 19살 때 한 오페라단의 부지휘자로 활동하고 있을 때 연습 도중에 지휘자가 갑자기 사퇴하는 일이 생겼습니다. 다급해진 오페라단에서는 평소에 곡을 전부 외우고 있는 19세의 젊은 토스카니니를 찾았습니다. 갑자기 합창 지휘를 맡은 토스카니니는 지휘대에 올라가서 악보를 덮어버렸습니다. 그리고 외우고 있던 악보를 기억하면서 지휘를 하였으며, 청중들로부터 큰 박수를 받았습니다.

토스카니니는 근시안으로 악보를 잘 볼 수 없는 자신의 약점을 노력으로 극복하여 성공을 이루어냈습니다. 그리하여 훌륭한 지휘자로서 칭찬받는 삶을 살 수 있었습니다.

약점을 장점으로 바꾸려는 노력

모든 사람들은 대부분 어떤 약점이나 단점을 가지고 있습니다. 여러분은 어떤 단점이나 약점을 가지고 있다고 생각합니까?

'나는 남보다 키가 작아……', '우리 집은 남보다 가난해……', '나는 노래를 잘 못 불러……', '나는 수학 공부를 잘 못해……', '나의 신체는 못 생겼어……' 등으로 고민하고 있지는 않는지요?

그러나 여러분들이 생각하는 자신의 약점이나 단점, 그 자체는 큰 문제가 되지 않습니다. 오히려 그 약점만을 지나치게 의식하며 살고 있기 때문에 실패하고 있는 것입니다. 지독한 근시안의 토스카니니가 자신의 약점을 장점으로 만들어 세계적인 명지휘자로 다시 태어나 행복한 일생을 보람 있게 살았듯이 여러분들 또한 자신의 단점을 극복하는 방법을 찾아야 합니다. 자신의 약점과 단점을 장점으로 바꾸어내는 노력은 나를 크게 성장하게 하는 밑거름이 됩니다.

 자유롭게 생각해보기

나의 약점이라고 생각되는 점은 무엇인가요?
또 나의 장점이라고 생각되는 점은 무엇인가요?
나의 약점이나 단점을 어떻게 장점으로 만들 수 있을지를 생각해보고 서로 이야기 나눠보세요.

23
가장 수치스러운 꾸지람

어느 날 밖으로 놀러 나갔던 어린 아들이 널빤지 한 개를 훔쳐 왔습니다. 그것을 본 어머니는 "좋은 나무를 가져왔구나"하고 칭찬을 했습니다. 다음 날에는 남의 옷을 훔쳐 왔습니다. 어머니는 "좋은 옷을 훔쳐 왔구나. 그래 들키지는 않았니?"

그렇게 자라난 아들은 커가면서 점점 큰 도둑이 되었고 마침내 경찰에게 붙잡혀 가게 되었습니다. 끌려가는 아들을 보고 어머니는 크게 울었습니다.

울고 있는 어머니의 귀에다 아들은 조용히 이야기하였습니다.

"어머니, 내가 처음 널빤지를 훔쳐 왔을 때 어머니가 야단을 쳤더라면 이렇게 되지는 않았을 거예요. 이 모두가 어머니 탓이어요."

그 말을 들은 어머니는 뒤늦게 뉘우쳤으나 아무 소용이 없었습니다.

가장 수치스러운 꾸지람은 바로 '버릇없는 녀석'

옛날부터 훌륭한 인격을 갖춘 사람과 그렇지 못한 사람이라는 구분은 바로 '습관'이 어떠하냐에 따라 좌우되어 왔습니다. 그래서 사람의 인격을 판단하는 기준으로 '버릇'을 꼽았습니다. 그래서 '세 살 버릇이 여든까지 간다', '제 버릇 개 못 준다', '바늘 도둑이 소도둑 된다'는 속담의 가르침을 생활의 교훈으로 삼았습니다. 우리 조상들은 '버릇없는 녀석'이라는 말을 가장 수치스러운 꾸지람으로 여겼습니다.

개인의 인품은 그 사람의 습관에 따라 만들어지고 습관은 평상시에 어떤 행동을 하느냐에 따라 달라집니다.

대수롭지 않게 여기기 쉬운 우측통행 습관, 사용한 휴지를 아무 곳에나 버리지 않는 습관, 평소에 사람들과 주고받는 대화 습관, 인사하는 습관, 옷 입는 습관, 책 읽는 습관, 고운 말을 하는 습관, 돈 쓰는 습관, 상대의 이야기를 진지하게 듣는 습관, 상대의 입장을 배려할 줄 아는 습관, 아이들이나 어려움에 처한 사람을 보면 감싸고 도와주는 습관, 사물의 이면을 관찰하는 습관 등은 모두 나의 인품을 멋지게 만들어주는 것들입니다.

성공한 사람들은 대개 훌륭한 습관을 지니고 있었습니다. 바꿔서 말하면 좋은 습관을 지니고 있어서 성공할 수 있었던 것입니다. 미래의 성공을 꿈꾸지 않는 사람은 나쁜 버릇을 고치려는 노력을 게을리합니다. 그렇지만 미래의 성공을 꿈꾸는 사람은 자신의 나쁜 버릇을 찾아서 한시라도 빨리 고치고자 노력하는 사람입니다. 좋은 습관은 나를 크게 성장하게 해줍니다.

 자유롭게 생각해보기

　　나의 언행에서 좋지 못한 습관이라 생각되는 것은 무엇인지 구체적으로 찾아볼까요?
　　좋지 못한 습관을 어떻게 고치겠다는 마음의 다짐을 일기장이나 '나의 성장 기록장'에 기록해보세요.

24

'습관'은 제2의 천성이다

사람들은 '습관은 제2의 천성'이라고 말합니다. 철학자 아리스토텔레스는 "사람은 반복적으로 행하는 것에 따라 그의 사람 됨됨이가 나타난다"라고 하였습니다.

도산 안창호 선생님은 어릴 때부터 일과를 생활 계획표대로 꾸준히 실천하여 바른 생활 습관이 몸에 배었다고 합니다. 어른이 되어서도 나라를 위해 하는 일들도 세밀한 생활 계획표에 의하여 이루어졌다고 합니다. 그의 바른 생활 습관이 우리나라의 독립운동에 크게 기여하였고 훌륭한 인물이 되는 밑거름이 되었습니다.

미국의 '뉴욕 타임즈' 신문사의 부사장에 발탁된 사람에게 기자가 물었습니다.

"당신의 성공 비결이 무엇이었다고 생각합니까?"

"예, 나는 남들보다 30분 일찍 일어나 일했습니다."

대수롭지 않게 생각되는 답이었지만 남보다 일찍 일어나는 것이 습관화가 되었기 때문에 많은 것을 이룰 수 있었다는 것을 알수 있습니다.

어떤 일을 습관적으로 계속하다가 하루라도 하지 않으면 무엇인가 마음이 편치 못합니다. 매일 자기 방을 깨끗이 정리 정돈하는 사람은 하루라도 방을 깨끗이 청소하지 않으면 주위가 어수선한 것 같아 다른 일이 제대로 안 됩니다. 습관에는 마력과 같은 힘이 있나 봅니다.

어릴 때의 습관적 행동은 커서도 하게 된다

사람은 태어날 때부터 모든 것을 올바르게 행동하지는 못합니다. 잘하고 잘못하는 일이 어떤 것인지를 분명하게 가리지 못하는 미성숙자들입니다. 그러므로 바른 인격체로 자라나기 위해서 공부를 하고 윗사람에게 칭찬과 꾸중을 받으면서 자라나고 있는 것입니다.

어른들로부터 말을 배우고, 예절과 규범을 몸에 익히며, 생활에 필요한 지식과 기능을 익히고 배우면서 차츰 사람다워지게 됩니다. 어린 나이에는 특히 부모님이나 선생님에게서 바르게 배우지 않으면 인격이 바르게 형성되지 못합니다. '세 살 버릇 여든까지 간다'는 옛말처럼 어릴 때의 습관은 어른이 되어서도 그대로 하게 됩니다. 그러므로 어릴 때부터 좋지 않은 습관을 가진 사람은 이를 고치려는 노력을 반드시 해야 합니다.

'생각의 씨앗을 뿌리면 행동의 열매를 얻고, 행동의 씨앗을 뿌리면 습관의 열매를 얻으며, 습관의 씨앗은 성품을 얻게 하고, 성품은 우리의 운명을 결정짓는다'는 말을 되새겨 됨됨이가 훌륭한 사람으로 자라야 하겠습니다.

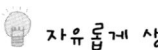 자유롭게 생각해보기

잘못된 습관을 지적받고 고친 경험이 있으면 이야기해볼까요?

25

길거리에서 주운 종이 한 장의 꿈

'**왕자와 거지**'란 책의 주인공은 왕자 에드워드와 거지 톰이지요. 이 두 주인공들은 어느 날 호기심으로 서로의 옷을 바꾸어 입었습니다. 그리하여 갑자기 왕자는 거지 생활을 하고 거지는 왕자의 생활을 하게 됩니다. 이 이야기의 내용은 매우 기발하고 변화가 많은 가운데 어린이들에게 정직과 인내와 사랑과 용기를 가르쳐 주는 재미있고 좋은 책입니다.

이 책은 바로 미국의 마크 트웨인 Mark Twain이라는 작가가 지은 책입니다. 마크 트웨인은 『**톰소여의 모험**』, 『**헤클베리 핀의 모험**』, 『**잔 다르크**』 등 어린이들이 즐겨 읽는 책을 비롯하여 많은 소설을 지었습니다. 그는 오늘날 미국이 자랑하는 훌륭한 작가로서 많은 사람들에게 존경을 받고 있습니다.

그러나 그의 훌륭한 작가로서의 삶은 하루아침에 이루어지지 않았습니다. 그의 인생을 이렇게 바꾸어 놓은 것은 '길거리에서 주운 종이 한 조각' 때문이었습니다.

마크 트웨인은 미국의 플로리다에서 가난한 개척민의 아들로 태어났습니다. 12세에 아버지가 돌아가시고 난 후 가난한 집안 살림을 꾸려가기 위해 작은 인쇄소의 직공으로 일하였습니다.

어느 날 일을 마치고 집으로 돌아가는 길거리에서 바람에 날리는 종이 한 장을 발견하였습니다. 그는 그 종이를 주워들고 단숨에 읽었습니다. 그 종이는 프랑스의 애국 소녀인 '잔 다르크 전'의 일부가 적혀 있는 찢긴 종이 한 조각이었습니다. 잔 다르크가 프랑스의 애국 운동을 하다가 적에게 체포되어 감옥에 갇혀서도 프랑스를 걱정하고 있는 내용을 읽고 또 읽었습니다.

그 후 그는 힘든 인쇄공으로서의 생활을 하면서도 잔 다르크의 애국심에 대한 존경과 그녀의 일생에 대한 호기심, 그녀를 힘들게 하는 세력에 대한 적개심 등으로 밤을 새워가면서 그녀에 관한 여러 방면의 책을 모조리 읽고 그것을 정리하였습니다. 마침내 14세 때 **잔 다르크의 회상**이라는 책을 세상에 펴냈습니다.

책은 훌륭한 사람을 만드는 도구

길거리에서 우연히 주운 종이 한 장! 그 작은 종이 한 조각에서 출발한 독서의 열정은 그의 꿈을 이루어내는 밑거름이 될 수 있었던 것입니다. 인쇄소의 보잘것없는 직공이 아닌 미국이 자랑하는 세계적인 작가 마크 트웨인으로 새로 태어나게 된 것은 바로 독서를 통하여 끊임없이 노력하고 항상 자신을 되돌아보는 생활이 있었기 때문입니다.

학교 도서관에 가보면 '책은 사람을 만들고 사람은 책을 만듭니다'라는 표어가 걸려있습니다. **책은 훌륭한 사람을 만드는 도구**입니다. 책에는 우리가 실제로 체험해보지 못했던 세계까지도 독서를 통하여 경험하게 해줍니다. 그래서 독서를 많이 하는 사람들은 생활의 폭이 넓어지고 생각은 깊어지게 되는 것입니다. 특히 어린 시절의 독서는 어떤 종류의 책을, 얼마나 많이 읽느냐에 따라서 그 사람의 인생의 미래가 달라지는 것입니다.

 자유롭게 생각해보기

> 책을 사서 책꽂이에 고이 두는 것으로는 그 내용과 감동을 맛볼 수가 없습니다. 지금 내게 있는 책 중에서 아직 읽지 못한 책은 무엇인지 찾아보세요.
> 그리고 나의 독서 습관을 되돌아보고 좋은 점과 고쳐야 할 점을 이야기해볼까요?

26

꽃에 상처를 남기지 않는 벌

개구리들이 연못 마을에서 평화스럽게 살고 있었습니다. 어느 날 이렇게 평화스러운 연못 마을에 하늘에서 뭔가 날아왔습니다.

"아니, 도대체 이게 뭐야?"

"UFO다! 몸을 피해라!" 많은 개구리들이 죽고 다쳤습니다.

"야아! 무척 재미있다. 저놈들이 갈팡질팡하는 꼴이라니!" 개구리들에게 UFO는 바로 그 동네 소년이 장난으로 던지는 돌멩이였습니다.

개구리들은 소년을 향해 외쳤습니다.

"소년이여, 당신에게는 장난이지만 우리에겐 목숨이 걸린 문제란 말이요! 제발 그만둬요." 개구리들이 울부짖으며 항의하였습니다.

"하! 요놈 개구리들 봐라! 어디, 이런 재미를 포기하라니 안 될 말이지!"

소년은 돌 던지기를 멈추지 않았습니다.

이제 개구리 마을에서는 개구리의 수가 반의반으로 줄었으나 소년의 장난은 멈춰지지 않았습니다.

"정말, 우리도 무슨 수를 내야 하지 않을까?"

"이사를 가는 수밖에 무슨 뾰족한 수가 있겠어?"

개구리들의 소리를 지나가던 여우가 듣고 개구리 대신 소년을 혼내주기로 결심했습니다.

다음날 소년이 연못을 지나다 돌을 던지려는 찰나 여우가 나서서 소년의 다리를 꽉! 물었습니다. 소년은 주저앉으며 겁에 질려 비명을 질렀습니다.

"이놈아, 내가 장난으로 한 일인데 뭘 그리 놀라고 아파하니?"

"이게 장난이에요? 나는 지금 죽을 지경이에요. 제발 좀 그만둬요!"

"어디, 이런 재미를 포기하라니 안 될 말이지!" 여우는 계속 물어뜯었습니다.

그때 소년은 연못에서 울부짖던 개구리들을 생각했습니다.

이솝 우화 '개구리와 소년'의 이야기입니다.

무심코 던진 한마디에 상처를 입을 수 있다

내가 무심코 던지는 돌팔매가 맞은 사람에게는 치명적일 수가 있으며, 재미로 던지는 나의 말 한마디가 다른 사람에게는 죽기보다 더한 고통을 줄 수가 있습니다. 또 나의 재미를 위하여 다른 사람을 괴롭게 한다면 괴롭힘을 당한 사람의 고통은 이루 말할 수 없는 아픔이 따르게 됩니다.

최근 우리 사회에서는 남이 재미삼아 던진 말 한마디 때문에 고생하고 있는 사람 이런 일들은 남에게 큰 상처를 주게 되지만 돌이켜 생각해보면 나 또한 그 피해자가 될 수도 있는 일입니다. 그러므로 무심코 던지는 나쁜 말 한마디, 재미를 위한 폭력과 괴롭힘은 결코 있어서는 안 될 것들입니다.

벌과 꽃의 관계와 비슷한 사람들의 관계

자연 속에서 벌과 꽃은 함께 살아가고 있습니다. 벌이 꽃에서 꿀을 따는 모습을 가만히 살펴보면 꽃에 조금도 상처를 남기지 않고 꿀을 따갑니다. 그리고 열매를 잘 맺을 수 있도록 꽃을 도와줍니다. 사람들과의 관계에서도 벌과 꽃 같은 관계가 필요합니다. 다른 사람으로부터 도움받을 수 있는 것을 받으면서 그에게도 어떠한 상처도 남기지 않는 만남을 이루어야 합니다. 나에게 재미있고 이로운 것만 취하고 남에게 상처를 주게 되면 그 상처는 썩게 되고 결국에는 내 주변에도 아무것도 남지 않아 '나 홀로'가 될 것입니다.

우리는 이 세상에서 무엇과도 바꿀 수 없는 소중한 사람들과 함께 어울려 살아갑니다. 지금 옆에 있는 학급 친구와 선생님, 옆

반 친구, 형이나 아우들, 부모님, 또 오며 가며 만나는 많은 사람들······, 모두가 소중한 사람들입니다. 이렇게 소중한 사람들은 모두 나에게 꽃도 되고 꿀벌도 됩니다. 소중한 친구들과 꽃과 벌처럼 아름답게 살아가는 미래를 가꾸어가기 바랍니다.

 자유롭게 생각해보기

옛날 말에 인과응보因果應報란 말이 있습니다. 이 말의 의미는 무엇인가요?

내가 한 행동에 대해서는 생각하지 못하고 남에게 원망을 돌리는 일은 없었는지 생각해볼까요?

또 집에서 가족들에게 항상 나에게만 맞춰달라고, 이해해달라고만 하지는 않는지도 생각해보세요.

27

날지 못한 나방

한 남자가 누에고치에서 나방이 나오는 모습을 살펴보고 있었습니다. 그는 누에고치 속에서 예쁜 나방이 껍질을 아주 힘들게 뚫고 나오는 것을 보았습니다. 그래서 누에고치 하나를 집어서 나방이 잘 나올 수 있도록 가위로 큰 구멍을 뚫어 주었습니다. 그 나방은 고생을 하나도 하지 않고 세상으로 나왔습니다. 그러나 다른 나방들은 누에고치 속에서 스스로 구멍을 내고 밖으로 나오느라고 온갖 고생을 다하였습니다.

그런데 스스로의 노력으로 구멍을 뚫고 나온 나방들은 모두 날개를 힘껏 펼치며 힘차게 공중으로 날아올랐습니다. 그러나 가위로 구멍을 뚫어 주었던 나방은 아름다운 날개를 지니고도 날지 못한 채 비실비실 땅으로 떨어지고 말았습니다. 이 나방은 스스로의 힘으로 껍질을 깨는 아픔을 경험하지 못하였기 때문에 날개에 힘을 얻지를 못하였고 날 수 있는 힘을 기를 수가 없었던 것입니다.

사람들은 어려운 일을 당하게 되면 쉽게 부모님이나 다른 사람들에게 도움받기를 바랍니다. 그러나 어려움을 참고 이겨내지 못하는 삶은 큰 구멍으로 쉽게 나온 나방처럼 약해질 수밖에 없습니다. 어떤 힘든 일을 만나더라도 '내 일은 나 스스로 하겠다'는 굳센 의지가 있어야만 몸과 마음이 튼튼해져서 어려움을 잘 이겨 낼 수 있게 됩니다.

우리는 고통과 어려운 시련을 잘 이기고 보람 있게 삶을 살아가고 있는 사람들을 자주 봅니다. 몇 년 전에 우리나라를 찾아온 앨리슨 래퍼Alison Lapper 여사는 두 팔이 없는 선천적 장애를 지니고 있었습니다. 그러면서도 **"나는 장애를 갖고 태어났지만 행복하다"**고 하면서 자신의 어려운 신체 조건을 탓하지 않고 열심히 그림 공부를 하였습니다. 마침내 구족화가붓을 입에 물고 그림을 그리는 화가로서 훌륭한 그림을 그릴 수 있었고 '살아 있는 비너스'라고 불리면서 많은 장애아들에게 꿈과 희망을 전해주는 감동적인 모습을 본 일이 있습니다. 또 얼마 전에는 우리나라의 신체장애인 몇 명이 그 높고 험한 에베레스트 산을 정복하는 자랑스러운 모습도 본 일이 있습니다.

이들은 모두 자신에게 닥친 고난과 어려운 상황을 스스로의 노력으로 장애를 극복하면서 보람 있는 삶을 살아가는 사람들입니다.

어려움을 극복해가는 삶

여러분은 지금 어떤 어려움을 겪고 있는지 되돌아봅시다. 남보다 몸이 약하다거나, 하고 싶은 공부가 잘 안되거나, 친구나 가족 관계에서 아픔을 겪고 있거나, 어려운 공부 문제를 잘 해결하지 못하고 있거나, 또 자신이 세운 목표에 잘 도달하지 못하여서 속상해하고 있지는 않은지요?

쇳덩어리는 불 속에 오래 달구고, 많이 두드리고, 찬물에 식히기를 여러 번 하여야만 단단한 강철로 다시 태어납니다. 사람도 어려운 과정을 잘 이겨 내는 힘을 길러야만 성공하는 삶을 살아갈 수 있습니다.

대부분의 사람들은 그에게 닥친 어려운 일을 극복하고 난 후에는 다음과 같은 중요한 경험을 하게 된다고 합니다.

첫째, 몸과 마음이 건강함을 경험합니다.

어려움을 극복하고 나면 마치 앨리슨 래퍼처럼 '행복'한 마음을 지니면서 살 수 있는 건강한 자신을 경험하게 됩니다.

둘째, 모든 일에 자신감을 얻게 되는 자신을 발견할 수 있습니다.

어려움을 극복한 후에는 '나도 할 수 있다'는 마음을 얻게 되고 목표에 도달하는 기쁨을 얻게 됩니다.

셋째, 자신의 의지력과 인내심이 자라난 느낌을 가지게 해줍니다.

어려움을 이겨나가는 과정에서 스스로가 강해지기 때문입니다.

넷째, 사람들과 좋은 인간관계를 유지하게 해줍니다.

사람들과의 나쁜 감정에서 쉽게 벗어나고 좋은 인간관계를 유지하게 해줍니다.

온실 속에서 자란 꽃은 조금만 추워도 자라지 못하지만, 추운 겨울철에도 소나무는 항상 푸른 모습으로 남아있습니다. 여러분들에게 어떤 어려움이 있다면 자기 스스로 이겨내는 노력을 많이 하여서 보다 강한 '나'를 만들어가기 바랍니다.

 자유롭게 생각해보기

내 주변에서 어려움을 훌륭하게 극복한 일에 대하여 듣거나 본 것을 이야기해볼까요?

28

들리지 않는 소리를 잘 들으려면

옛날 태국의 차오 왕의 아들 타이 왕자는 공부를 하러 절로 떠났습니다. 왕자의 스승은 그를 먼 숲 속으로 보냈습니다. 일 년 후에 숲에서 돌아온 왕자에게 숲에서 들었던 소리를 설명하라고 하였습니다.

"스승님, 저는 뻐꾸기의 노랫소리, 나뭇잎이 바스락거리는 소리, 벌새가 윙윙대는 소리, 귀뚜라미가 우는 소리, 바람에 풀잎이 날리는 소리, 벌이 윙윙거리는 소리, 그리고 바람이 속닥거리거나 분노하듯 휘몰아치는 소리를 들었습니다."

"너는 다시 숲으로 돌아가라. 그리고 더 많은 소리를 듣고 오너라."

왕자는 숲으로 돌아가 꼬박 며칠 밤낮을 귀 기울였지만, 이미 듣던 소리만 들려왔습니다. 그러던 어느 날 아침, 왕자가 조용히 나무 아래 앉아 있는데 이전에는 듣지 못했던 희미한 소리가 들려오는 것을 깨달았습니다. 귀를 기울이면 기울일수록 그 소리는 더욱 선명해졌습니다.

다시 절로 돌아온 왕자에게 스승은 다시 물었습니다.

"스승님, 저의 온 신경을 다하였더니 지금까지 잘 들리지 않던 꽃이 피어나는 소리, 태양이 땅에 온기를 불어넣는 소리, 풀잎이 아침 이슬을 빨아들이는 소리를 들었습니다." 왕자는 공손히 대답했습니다.

스승은 만족스러운 듯 고개를 끄떡였습니다.

(불경: 육도집경六度集經에 전해 오는 이야기입니다.)

경청(傾聽)은 '**귀를 기울여 들음**'을 의미합니다.

사람들은 주로 자신의 말을 하는 데에 신경을 쓰고, 상대방의 이야기는 잘 듣지 않으려는 경향이 있습니다. 목소리를 높여 언쟁하는 사람들을 보면 십중팔구 상대방 말을 끝까지 듣지 않기 때문임을 볼 수 있습니다. 상대방이 말하는 중간에 끼어들어서 "아니, 그러니까 내 말은……" 하고 말을 끊어버리는 경우가 많습니다.

사람들이 신뢰를 받는 지도자에게 물었습니다.

"당신은 어떻게 그렇게 대화를 잘합니까?"

"예, 저는 남의 말을 잘 들으려고 노력합니다."

좋은 대화를 하려는 사람의 자세는 '진심으로 상대방을 이해하려고 하는가?'를 먼저 생각하는 사람입니다. 남의 말을 공경하여 잘 들을 수 있는 사람이 신뢰를 얻습니다. 이는 다른 사람들의 감정과 표현되지 않는 고통을 경청을 통하여 잘 들어 주고 있기 때문입니다. 훌륭한 지도자는 잘 들리지 않는 것을 들을 수 있도록 노력하는 사람입니다.

 자유롭게 생각해보기

"잘 들어주셔서 고맙습니다"라는 인사말을 언제 누구에게 들어보았나요?

29

대통령의 어린 시절

한 기자가 미국에서 대통령을 길러 낸 여섯 명의 어머니들을 각각 만났습니다. 그 어머니들에게 대통령들은 어린 시절에 어떻게 생활하였고 또 어떤 공부를 하였는지 물었습니다. 그리고 그들의 어린 시절의 공통점을 찾아보았습니다.

겨우 말하기를 시작했을 때 그들은 기도하는 법과 예의 바른말을 배웠습니다. 음식을 먹거나 잠자리에 들어갈 때 감사 기도하는 말을 하도록 배웠고, 사람들과 이야기할 때에는 항상 예의 바른말을 하도록 배웠습니다. 그렇기 때문에 사람들과 만날 때는 겸손한 자세로 만나고 상대방을 공경하는 어린이로 자라났습니다.

글을 읽을 줄 알게 되었을 때에 그들은 성경책과 위인전을 읽었습니다. 성경책은 세계 사람들에게 가장 많이 읽히는 책이며,

위인전은 훌륭한 사람들의 훌륭한 이야기를 기록한 책입니다. 어린 시절부터 훌륭한 책을 읽고 장래의 꿈을 키우고 비전을 설계하는 공부를 하면서 자라났습니다.

말을 하고 글을 읽을 줄 알게 되었을 때 그들은 악기를 다루는 법을 배웠습니다. 음악은 사람들의 마음을 아름답게 해주고 좋은 심성을 길러줍니다. 그렇기 때문에 어릴 때부터 악기를 다루면서 음악을 사랑할 줄 아는 마음을 길렀고 세상을 아름답게 볼 줄 아는 사람으로 자라났습니다.

그들은 규칙적인 운동을 하며 자랐습니다. 모든 운동에는 순서와 규칙이 있습니다. 운동하는 순서를 잘 지키지 않으면 운동 효과도 떨어지고 기술도 좋아지지를 않습니다. 또 운동에는 정해진 규칙이 있습니다. 이 규칙을 어기게 되면 벌칙을 받거나 운동 경기를 끝까지 할 수가 없게 됩니다. 어릴 때부터 건강하게 생활하는 사람과 규칙을 잘 지키는 사람으로 자라났습니다.

그들은 '남과 잘 어울리는 방법, 정해진 규칙(법)을 지키는 방법을 배웠습니다. 남과 잘 어울리기 위해서는 남을 이해하는 마음, 협동하는 마음, 배려하는 마음 등 지켜야 할 덕목德目이 참 많습니다. 또 공동체 생활을 잘하려면 함께 지켜야 할 규정이나 규칙도 많습니다.

이들은 어릴 때부터 공동체 생활을 잘할 수 있는 사람으로 자라났습니다.

기초·기본이 튼튼한 사람

옛날 그리스의 철학자 아리스토텔레스Aristoteles는 '사람은 사회적 동물이다'고 이야기하였습니다. 이는 공동체 사회에서 함께 잘 살아 가려면 개인으로서의 '나'뿐만이 아니라 여러 사람들 가운데에서의 '나'를 잘 가꾸고 다듬어야 한다는 의미가 담겨 있습니다.

우리 사회에서 남을 잘 이끌어주는 사람을 우리는 '지도자'라고 부릅니다. '지도자'로서 공동체 사람들을 잘 이끌어가는 힘을 '리더십'이라 부릅니다. 훌륭한 지도자는 먼저 개인으로서의 '나'를 잘 가꾼 사람입니다. '나'를 잘 가꾸는 사람, 즉 기초·기본이 튼튼한 사람이 공동체 사회를 잘 이끄는 좋은 '지도자'가 될 수 있습니다. 한 나라를 이끄는 훌륭한 지도자는 어린 시절부터 민주시민으로서 갖추어야 할 자질을 잘 익히고 '나'를 잘 가꾸어 온 사람들이었습니다.

 자유롭게 생각해보기

공동체 사회에서 잘 어울리기 위해 '나'의 모습 중에서 어떤 점이 좋은지, 또 어떤 점을 더 고쳐야 할지에 대하여 생각해볼까요?
남과 잘 어울리기 위해서는 이해, 협동, 배려, 친절, 봉사하는 마음 등 지켜야 할 덕목이 참 많습니다. 나는 어떤 점에 더 노력해야 할까요?

30

독서의 또 다른 즐거움

　우화나 동화를 읽을 때 그 뒷이야기를 재미있게 상상하면서 읽는다면 더욱 재미가 있습니다. '토끼와 거북이'의 뒷이야기를 재미있게 상상한다든지 '여우와 두루미'의 뒷이야기를 재미있게 꾸며본다면 책을 읽는 재미가 더욱 좋아질 것입니다. '개미와 베짱이'의 뒷이야기도 나라마다 다르게 이어지는 것을 볼 수 있습니다.

　개미는 여름의 뙤약볕 속에서도 쉬지 않고 열심히 일했습니다. 그러나 베짱이는 매일 같이 시원한 그늘을 찾아다니며 노래를 부르면서 즐겁게 놀기만 했습니다.
　여름과 가을이 지나고 눈보라가 치는 추운 겨울이 돌아왔습니다. 여름 내내 놀기만 하던 베짱이는 저축해놓은 곡식도 땔감도 없었습니다.
　배고픔과 추위에 견디다 못한 베짱이는 개미네 집에 먹을 것을 동냥하러 갔습니다.

이 개미와 베짱이 우화는 나라마다 읽히고 있습니다. 그런데 시작되는 내용은 비슷하나 그다음에 이어지는 이야기는 나라마다 조금씩 차이가 있습니다.

우리나라에서는 마음씨 착한 개미가 베짱이를 불쌍히 여겨서 맛있는 음식을 듬뿍 나누어줍니다. 서양의 개미는 베짱이가 여름에 일을 하지 않고 놀았기 때문에 겨울에 굶어 죽는 것이 당연하다고 문 앞에서 쫓아내 굶어 죽게 합니다.

또 일본의 개미는 구걸하러 온 베짱이를 할아버지 개미가 내쫓으려 합니다. 그러나 젊은 자식 개미들은 베짱이를 반갑게 맞아들여서 베짱이와 함께 노래와 장구를 치며 신 나게 같이 놉니다. 그러다가 봄이 와도 개미들은 겨우내 노는 데 재미를 붙여서 일하기가 싫어집니다.

여러분들이 작가라면 어떤 결말을 지을까요?

이 '개미와 베짱이'의 이야기는 두 곤충의 생활 모습을 대조적으로 보여주면서 근면하고 성실함과 미래를 준비하는 지혜가 무엇인지를 생각하게 해주는 이야기입니다. 만약 여러분들이 작가가 되어서 이 우화의 뒷이야기를 이어서 쓴다면 어떻게 쓰겠습니까? 책을 읽으면서 상상하고, 뒷이야기를 재미있게 꾸며봅시다.

독서는 상상력을 키워주고 상상력은 독서의 또 다른 즐거움을 만들어줍니다.

 자유롭게 생각해보기

다음 중 자신이 알고 있는 '이솝 우화'들을 찾아봅시다. 그중 한두 편을 골라서 그 뒷이야기를 만들고 가족이나 친구들에게 이야기해볼까요?

여우와 황새, 시골 쥐와 서울 쥐, 바람과 해님, 작은 게와 큰 게, 늑대라고 외친 소년, 사자의 탈을 쓴 나귀, 까마귀와 뱀, 늑대와 두루미, 병든 사자, 생쥐 위원회, 생쥐와 개구리, 개구리와 황소, 토끼와 거북, 꼬리를 잃은 여우, 우유 짜는 소녀와 양동이, 목마른 까마귀, 여우와 포도, 사자와 생쥐, 농부와 황새, 원숭이와 치즈, 게으른 거북, 개미와 베짱이, 황금 알을 낳는 거위, 나귀 여우 그리고 사자, 세 가지 소원, 솔개 개구리 그리고 생쥐, 물방앗간 주인의 당나귀 등

다음을 읽고 나의 생각을 친구들과 이야기해봅시다.

사람들이 '개미는 지혜롭고 베짱이는 어리석다'고 생각한다. 하지만 개미가 이야기 속에서처럼 현실에서도 행복하게 살고 있는 것일까? 또 베짱이는 정말 쓸모없는 게으름뱅이이며 잘못된 삶을 살고 있는 것일까?

31

마시멜로 이야기

마시멜로marshmallow는 미국사람들이 즐겨 먹는 달콤하고 말랑말랑한 부드러운 캔디의 일종입니다. 미국의 심리학자 월터미쉘 Walter Mishel 교수는 네 살 된 유치원 어린이들에게 마시멜로 과자 하나씩을 나누어주면서 이렇게 말했습니다.

"지금부터 15분 후에 내가 다시 올 때까지 먹지 않고 기다리는 어린이들에게는 마시멜로를 하나 더 주겠다"고 약속을 하였습니다.

그 후 유치원 어린이들의 행동을 관찰한 결과 어린이들의 행동은 다음과 같은 세 가지 타입으로 나타났습니다.

❶ A타입 – 선생님이 나가자마자 먹고 싶다는 생각을 참지 못하고 바로 먹어버린 어린이
❷ B타입 – 처음에는 조금 참다가 못 참겠다고 먹어버린 어린이
❸ C타입 – 선생님이 올 때까지 먹고 싶은 욕심을 끝까지 참고 기다린 어린이

여러분들이라면 어떤 행동을 하였을까요?

이렇게 세 그룹의 유치원 어린이들이 10년이 지난 후 어떻게 살고 있는지를 알아보았습니다.

먼저 15분 동안에 '마시멜로를 먹고 싶다'는 충동을 참지 못하고 그 자리에서 먹어버렸던 그룹A타입은 대부분 학교 공부를 잘하지 못하여 최하위의 성적을 내고 있었고, 좋지 못한 문제를 일으키는 학생으로 자라고 있었습니다.

반면에 15분 동안 먹고 싶은 충동을 끝까지 참아 내고 상으로 마시멜로를 하나 더 받았던 학생그룹C타입들은 공부도 잘하고 있었고, 친구들과 원만하게 잘 지내고 있었습니다. 그들은 하나같이 학교의 우수 집단에 속해 있었고, 학교생활도 모범적이고 성공적으로 성장하고 있었습니다.

이 '마시멜로'의 실험은 사람들이 어떤 행동을 선택하느냐의 중요성을 깨닫게 해 줍니다. 눈앞에서 달고 맛있는 마시멜로를 바로 먹고 싶다는 유혹을 이겨내지 못하고 그 자리에서 먹어 버리는 행동을 선택한 것도, 달고 맛있는 마시멜로를 '먹고 싶다'는 유혹을 물리치는 선택을 한 것도 모두 자신의 의지에 따른 결과입니다.

우리의 생활은 '선택'의 연속입니다.

친구와 어울려 놀기만 할 것인가, 공부를 열심히 할 것인가의 선택
컴퓨터 게임을 계속할 것인가, 전원을 끄고 책을 가까이할 것인가의 선택

좋지 못한 비디오나 오락 프로그램을 계속 볼 것인가, 그만둘 것인가의 선택

담배나 술을 입에 대고 싶어질 때 어떻게 할까에 대한 선택

실내에서 뛰고 소리치고 주변을 소란스럽게 할 것인지 아닌지의 선택

어려운 공부를 하다가 힘들 때 그만둘 것인지, 계속할 것인지의 선택

몸무게를 생각하고 햄버거나, 음료수를 먹을 때 어떻게 할까의 선택

힘든 운동을 계속하여야 할지 그만두어야 할지의 선택

내 재주와 특기를 기르는 노력을 계속하여야 할지 그만두어야 할지의 선택

아는 것을 실천하는 것이 진정한 힘

철학자 프랜시스 베이컨Francis Bacon은 '**아는 것이 힘이다**'라고 했습니다.

그러나 '**아는 것을 실천하는 것이 진정한 힘이다**'고 할 수 있습니다. 사람들은 누구에게나 '하고 싶다'는 욕심과 욕망이 있습니다. 그러나 하고 싶은 것을 모두 다하는 것보다는 참고 기다리며 현명한 선택을 하는 것이 성공의 열쇠가 됩니다. 큰 만족과 보상을 위해서는 바로 눈앞에서 당장 하고 싶은 생각을 억제할 줄 아는 의지가 있느냐 없느냐에 따라 미래가 달라집니다.

 자유롭게 생각해보기

[마시멜로 이야기]는 성공과 행복에 이르는 방법을 알려주는 책입니다. 이 책을 읽어보고 느낀 점을 이야기해보세요.

"마시멜로를 곧바로 먹어치우지 마라"는 말의 참 의미는 무엇일까요? 예를 들어가며 나의 생각을 이야기해볼까요?

32

말 한마디의 힘

일본의 에마토마사루 박사는 '사람들이 하는 말이 주변에 있는 물질이나 미생물에는 어떤 영향을 미칠까?' 무척 궁금했습니다. 그래서 아주 재미있는 실험을 하였습니다.

그는 우리가 매일 먹는 '밥'을 실험 대상으로 하였습니다. 그는 밥을 똑같은 두 유리병 속에 넣었습니다. 그런 다음에 한 유리병에는 '감사합니다'라는 글귀를 붙여놓고 다른 병에는 '망할 자식'이라는 글을 써서 붙여놓았습니다.

그리고 다음날부터 한 사람에게 그 병에 대고 적힌 문장을 매일매일 읽도록 했습니다. 이렇게 '감사합니다'와 '망할 자식'을 되풀이하여 한 달 동안 말하게 하자, 이 병에는

놀라운 변화가 생겼습니다.

'감사합니다'라는 말을 들려준 병의 밥은 발효가 잘되어 부드러운 누룩냄새를 풍기고 있었습니다. 그런데 '망할 자식'이라는 말을 들려준 병의 밥은 새까맣게 썩어서 악취를 풍기고 있었습니다.

눈에 보이지 않는 강력한 힘을 지닌 말

사람들은 평소에 말을 하지 않고 지낼 수는 없습니다. 그런데 사람들이 던지는 말 속에는 눈에 보이지 않는 어떤 강력한 힘을 가지고 있습니다. 사람의 말 한마디는 위의 실험결과에서도 알 수 있듯이 생명이 없는 '밥'에도 이렇게 큰 변화를 주고 있는데 하물며 살아있는 사람에게는 얼마나 큰 영향을 미치겠습니까?

우리가 친구들에게 무심코 내뱉는 "못생긴 놈!, 미친놈!, ×××같은 놈!, ×새끼!, 망할 자식" 등 아름답지 못한 말을 들은 여러분들의 친구는 어떻게 될까요? 좋지 못한 말을 들은 친구의 속은 아마도 새까맣게 썩고 있을 것입니다.

좋은 말, 사랑스러운 말을 쓰려는 노력

우리는 하루에도 수없이 많은 말을 하고 또 들으며 생활합니다. 우리 말 속담에 '말이 씨가 된다'는 말이 있습니다. 좋은 열매를 거두기 위해서는 밭에 좋은 씨앗을 뿌려야 하듯이, 말을 하는 것도 마치 밭에 씨앗을 뿌리는 것과 같습니다. 좋은 말, 사랑스러운 말의 씨앗은 항상 좋은 열매를 맺습니다. 그러나 남을 욕하고 나쁜 말을 많이 하게 되면 자신에게도 나쁜 말로 되돌아와 고통과 어려움을 겪게 될 것입니다. 만나는 사람들에게 좋은 말, 사랑스러운 말을 하면 그들에게 자신감과 용기를 북돋워 주게 되며 나에게도 다시 좋은 것으로 되돌아옵니다. 생명체를 살아있게 해주는 좋은 말로 나의 품격을 높여야 하겠습니다.

 자유롭게 생각해보기

나의 말하는 습관을 되돌아보고 내가 친구에게 던진 나쁜 말로 힘들어한 친구가 있었는지 생각해보세요. 또 다음과 같은 말을 많이 하면 어떨까요?
- 감사합니다.
- 고맙습니다.
- 네가 그렇게 해내다니 정말 훌륭하구나.
- 이전보다 더 잘하는구나.
- 나는 항상 너를 믿어.
- 난 네가 잘해낼 줄 알았어.
- 누구나 실수할 때가 있어 힘내.
- 너를 보면 기분이 좋아.

"말은 총보다 강하다!"는 말에는 어떤 의미가 담겨 있을까요?

"말 한마디에 천 냥 빛을 갚는다"는 말에 대한 자신의 생각이나 경험을 이야기해보세요.

33

몸과 마음이 건강한 사람의 힘

우리 속담에 '건강을 잃으면 모든 것을 잃는다'는 말이 있습니다. 또 아라비아 속담에는 '건강을 지닌 사람은 희망을 가지고 있지만 희망을 지닌 사람은 모든 것을 가지고 있다'고 하였습니다. 이를 돌려서 생각해보면 희망을 가지려면 건강해야 한다는 의미도 되겠습니다.

건강은 튼튼한 몸과 맑은 마음을 말합니다. 몸의 건강은 마음이 건강할 때만이 건강을 유지할 수 있습니다. 아무리 높은 명예와 많은 부와 행복이 있어도 몸이 아프면 모든 게 귀찮고 의욕이 없어집니다. 태어날 때 부모님으로부터 아무리 건강한 체질을 타고났어도 자신이 건강을 지켜주지 않으면 얼마 안 가서 건강을 잃게 됩니다. 그러므로 건강한 마음으로 살아가기 위해서는 다음 몇 가지 사항을 잘 지키도록 힘써야 할 것입니다.

첫째, 진실된 말을 하여야 건강해집니다.

우리나라 민족 지도자인 도산 안창호 선생님은 청년들에게 "죽더라도 거짓이 없어라. 농담으로라도 거짓말을 말아라"고 가르쳤습니다. 우리가 생활하다가 누구에겐가 거짓말을 했다면 먼저 자기 자신부터 불편하고 불안한 감정을 느끼게 됩니다. 또 아무리 훌륭한 말이라도 진실이 아니면 말을 안 하느니만 못합니다. 진실되지 못하여 신뢰를 잃어버리는 사람은 다른 사람과 건강한 만남이 어려워집니다.

둘째, 자기의 감정을 다스릴 줄 알아야 건강해집니다.

우리가 잘못된 행동을 하거나 좋은 행동을 하게 되는 원인은 우리가 가지고 있는 신체나 마음상태 때문입니다. 조금만 기분 나빠도 곧바로 화를 내거나 싸우려 하거나 물건을 때려 부수기까지 하는 행동, 또 어려운 일이나 슬픈 일이 닥치면 참고 이겨내려고 노력하기보다는 쉽게 포기하는 행동, 심지어는 자살까지 서슴지 않는 행동 등은 자신의 감정을 잘 다스리지 못하기 때문에 일어나는 일들입니다.

어려움을 잘 참아내는 인내심, 어려움을 이겨내는 극기심, 남을 잘 이해하여 좋은 인간관계를 심는 이해심, 여러 가지 일들을 비판과 부정적인 생각보다는 긍정적으로 보는 습관 등은 자기의 감정을 잘 다스릴 때 나타나는 건강의 결과입니다.

셋째, 성숙한 행동을 하여야 건강해집니다.

학생들에게 성숙한 행동이란 '바른 행동', '~다운 행동'을 말합니다. 어린이다운 행동, 학생다운 행동, 언니다운 행동, 남자다운 행동, 여자다운 행동 등입니다. 성숙한 행동은 해서 좋은 것과 나쁜 것을 구별할 줄 아는 행동이며, 좋은 것과 나쁜 것을 구별하여 하는 행동이요, 때와 장소를 가려서 행동할 줄 아는 것을 말합니다. 좋은 것과 나쁜 것, 때와 장소에 알맞은 행동이 어떤 것인지는 유치원과 1학년 정도에서 이미 많이 배웠습니다.

사회에 나가서도 어른다운 행동, 문화인다운 행동, 민주시민다운 행동, 직장인다운 행동, 부모님다운 행동, 선생님다운 행동 등 각자가 성숙한 행동을 할 때 개인은 물론 우리 사회를 밝고 건강하게 해줍니다.

우리 세상은 몸과 마음이 건강하지 못한 사람들 때문에 힘들어질 때가 많습니다.

건강하지 못한 사람들의 거짓으로 진실이 덮이며,
건강하지 못한 사람들의 비판으로 사회가 분열되며,
건강하지 못한 사람들의 욕심으로 싸움과 전쟁이 나며,
건강하지 못한 사람들의 이기심으로 사랑이 메말라가며,
건강하지 못한 사람들의 무질서로 혼란이 옵니다.

그러나 우리 세상은 몸과 마음이 건강한 사람들의 힘으로 발전해왔습니다.

건강한 사람들이 공부를 잘할 수 있으며,
건강한 사람들이 축구와 야구 등 운동경기도 잘하며,
건강한 사람들이 새로운 일을 창조하는 힘을 가지고 있으며,
건강한 사람들이 다른 사람들과 함께 잘 어울리며,
건강한 사람들이 자신의 일에 열정을 가지고 일할 수 있으며,
건강한 사람들이 행복한 가정을 이룰 수 있으며,
건강한 사람들이 보다 밝은 미래를 잘 가꾸어 갈 수 있습니다.

'건강한 육체에 건강한 정신이 깃든다'는 평범한 진리를 깨달아야 할 때입니다.

 자유롭게 생각해보기

"이 세상은 몸과 마음이 건강한 사람들의 힘으로 발전합니다"의 의미에 대한 자신의 생각을 이야기해볼까요?
건강한 몸과 마음을 유지하는 데 좋지 못한 것이나 해서는 안 되는 것에는 어떤 것이 있는지 자신의 경험에 비추어 이야기를 나눠보세요.

34

배움이란 우물을 파는 것과 같다

여름밤 시냇가나 연못가에서 반딧불이가 꼬리에서 밝은 빛을 내며 날아다니는 모습을 보면 여름이 더욱 아름답게 느껴집니다. 그런데 이 반딧불이의 빛으로 글을 읽고 지혜를 닦아 성공한 사람이 있습니다.

옛날 중국의 동진이라는 나라에 차윤車胤이란 소년이 있었습니다. 소년의 집안은 매우 가난하였습니다. 그렇지만 소년은 항상 책을 가까이하였고 공부를 게을리하지 않았습니다. 그런데 밤에는 등불 켜는 기름을 살 수가 없었습니다. 그래서 여름이면 얇은 비단 주머니 속에 반딧불을 잡아넣고 그 빛으로 책을 읽었습니다. 훗날 이 소년은 나라를 위해 일을 하는 훌륭한 사람이 되었습니다.

또한 같은 시기에 손강孫康이라는 소년이 있었습니다. 손강은 어려서부터 마음이 맑고 깨끗하였고 항상 책을 가까이하였습니다. 그렇지만 집안이 가난하여 기름을 살 수가 없었습니다. 그래서 겨울이 되면 하얀 눈빛에 책을 비추어 가며 열심히 공부를 하였습니다. 훗날 어른이 되어서 나랏일을 돌보는 훌륭한 사람이 되었습니다.

이 두 가지 이야기, '반딧불의 불빛螢(형)'과 '하얀 눈빛雪(설)' 이야기를 합쳐서 어려움을 이기고 열심히 공부하여 성공을 이루는 것을 '형설지공螢雪之功'이라고 합니다. 오늘날에도 어려운 환경에서도 열심히 공부하여 성공한 사람을 '형설지공'을 이룬 사람으로 이야기합니다.

학문하는 마음

학문學文이란 '어떤 분야를 체계적으로 배워서 익힌다'는 의미입니다. 학문은 이루는 방법에 따라서 그 결과가 다르게 나타납니다. 그러면 학문을 하는 사람은 어떤 마음가짐을 가져야 할까요?

한 청년이 소크라테스Socrates: 그리스의 훌륭한 철학자를 찾아왔습니다.
"선생님, 저는 지식을 배우려고 왔습니다."
"오, 그런가. 그렇다면 자네는 어떤 지식을, 어떻게 배우려고 하는가?"
청년은 대답을 잘하지 못하였습니다.
"나를 따라오게."
소크라테스는 청년을 바닷가로 데리고 갔습니다. 그리고 바닷물이 턱에 닿을 때까지 걸어 들어갔습니다. 그리고는 갑자기 청년의 머리를 물속으로 밀어 넣었습니다.

잠시 후 청년이 물 위로 머리를 내밀었을 때 소크라테스가 물었습니다.

"조금 전에 자네에게 가장 필요했던 것이 무엇이었는가?"

"예, 숨을 쉬어야 하는 공기였습니다."

소크라테스가 말했습니다.

"그래, 네가 물속에서 공기를 갈망했던 것처럼 그런 마음 자세로 학문을 배워야 하네."

배움이란 우물을 파는 것과 같다

여러분들이 장차 각자가 목표하는 바를 이루어 성공하려면 '형설지공'과 '물속에서 공기를 찾는 마음'으로 학문을 닦아야 할 것입니다. 맹자孟子는 "배움이란 우물을 파는 것과 같다"고 이야기하였습니다. 땅속을 깊이 파 내려가야 시원한 샘물을 마실 수가 있는 것처럼 배움에 대해 갈망하고 노력하는 사람이 학문에 성공할 수 있습니다.

 자유롭게 생각해보기

지금까지 나의 공부하는 자세에 대해 진지하게 생각해볼까요?
① 내가 공부하는 목적은 무엇인가?
② 나의 공부하는 방법에서 좋은 점은 무엇인가?
③ 나의 공부하는 방법에서 좋지 못한 점은 무엇이며 어떻게 고쳐 나갈 것인가?

35

생활 속의 부메랑 효과boomerang effect

부메랑 놀이를 해보았습니까? 부메랑은 던지면 목표물을 향해 날아갔다가 던진 사람에게로 다시 되돌아오는 재미있는 도구입니다.

부메랑boomerang

사람들은 사회생활을 하다 보면 잘하는 일도 있고 때로는 잘못하는 일도 겪게 됩니다. 대개 착한 행동을 했을 때는 그 결과가 나에게 기쁜 일로 되돌아오는 경우가 많고, 잘못을 저질렀을 때는 그 결과가 나쁜 일로 되돌아오기도 합니다. 이런 것을 우리는 '생활 속의 부메랑 현상'이라고 합니다.

다양하게 나타나는 부메랑 현상

부메랑 현상은 우리의 일상생활에서도 흔히 경험하는 일입니다.

친구들과 놀다가 속상한 일이 생긴다고 욕을 하게 되면 친구 또한 욕으로 되돌려줍니다. 또 상대방이 잘못했다고 때리거나 폭력을 사용하면 그 또한 싸움으로 되돌아와 결국에는 나도 상처를 받게 되는 일을 흔히 볼 수 있습니다.

부메랑 현상은 사회에서도 많이 나타나는 것을 볼 수가 있습니다.

등산이나 여행을 할 때 가끔 쓰레기를 아무 데나 버리는 경우가 있습니다. 그런데 남이 버린 쓰레기 때문에 기분이 불쾌해지거나 어떤 때는 눈살만 찌푸리고 돌아오게 되는 일을 경험한 적이 있습니다. 돌이켜보면 내가 버린 쓰레기가 부메랑이 되어 나의 여행을 불쾌하게 했을 수도 있는 것입니다.

또 자동차 도로에서 나 먼저 가려고 끼어드는 차들로 인해 교통체증이 일어나고 그 결과 너도나도 시간이 늦어지거나 사고를 내게 됩니다. 조금 먼저 가려는 잘못된 행동이 부메랑이 되어 늦게 가게 되는 것을 볼 수 있습니다.

또 나만 편리하려고 설거지할 때 세제를 함부로 쓰고 음식물 찌꺼기를 마구 버려 물을 오염시키는 바람에 마음 놓고 마실 물마저 귀해져 버린 일들은 모두 이러한 부메랑 현상이라 할 수 있습니다.

좋은 부메랑 현상을 많이 만들어내자

이러한 예들은 좋지 못한 부메랑 현상이라 할 수 있겠지요. 그러나 좋은 쪽의 부메랑 현상도 많이 있습니다.

여러분들은 산에 가서 소리를 크게 질러본 일이 있습니까? 그 소리는 메아리가 되어 다시 내게로 돌아옵니다. "사랑합니다"라고 소리치면 "사랑합니다"라는 메아리가 되어 돌아올 것이고, "미워요" 하고 소리치면 "미워요"라는 메아리가 내게 돌아올 것입니다. 아침에 친구를 만났을 때 다정한 인사를 하면 친구도 내게 다정한 인사말을 해줍니다. 또 모든 사람들에게 친절하고 배려하는 행동을 하면 부메랑이 되어 나에게 되돌아와 나 자신이 '친절한 사람', '사랑받는 사람'으로 칭찬받게 되는 모습을 볼 수가 있게 될 것입니다.

우리 속담에 '뿌린 대로 거둔다'는 말이 있습니다. 부메랑 현상처럼 어떤 씨앗을 뿌리는가에 따라서 우리의 미래가 결정될 것입니다. 이제 알곡의 좋은 씨를 뿌려서 튼튼한 열매를 맺을 것인지, 병들고 쭉정이 씨앗을 뿌려서 결실 없는 열매를 얻을 것인지는 각자가 선택할 몫입니다.

 자유롭게 생각해보기

내가 경험한 '부메랑 효과'를 소개해볼까요?

– 좋은 부메랑 효과의 예
– 좋지 못했던 부메랑 효과의 예

36

솔로몬의 지혜

옛날 이스라엘을 다스리던 솔로몬 왕은 매우 지혜로운 분이었습니다.

어느 날, 두 여인이 한 갓난아이를 안고 왕궁으로 찾아왔습니다. 두 여인은 서로 그 아이가 자기 아기라고 주장을 하며 왕에게 재판을 부탁하였습니다. 솔로몬 왕은 여러 가지 조사도 하고 이것저것을 알아보았지만 진실을 밝히기가 어려웠습니다. 왕은 고심 끝에 좋은 생각이 떠올랐습니다. 유대인의 전통에 의하면 어떤 물건의 임자가 분명하지 않을 때는 둘로 나누어 가지는 방법이 있어 그것을 써먹기로 한 것입니다.

솔로몬 왕은 두 여인을 불러놓고 이야기하였습니다.
"지금 그 아이를 둘로 나누어서 서로 반씩 가지도록 하라."

그러자 한 여인이 미친 듯이 울부짖으며 왕에게 호소합니다.

"안 됩니다. 그렇게 할 바에야 차라리 그 아이를 저 여자에게 주십시오."

여인의 말이 끝나자 왕은 침착하게 선언했습니다.

"저 울부짖는 여인이 바로 이 아이의 진짜 어머니이다. 어미가 어찌 제 자식을 죽일 리가 있겠느냐. 여인아, 이 아이를 데려가거라."

왕은 아이를 여인에게 주고 다른 여인을 거짓말한 죄로 감옥에 가두었습니다.

[탈무드]에 이런 말이 있습니다.

'어떤 사람을 현명한 사람이라고 하는가? 모든 것에서 배우기를 위해 애쓰는 사람을 말한다.' 이스라엘의 왕 솔로몬은 평소에 하나님께 "제게 지혜를 주십시오" 하고 간절히 기도했습니다. 그리고 지혜를 얻기 위해 많은 공부를 했습니다. 그래서 사람들은 솔로몬을 '지혜의 왕'이라고 불렀습니다.

지혜를 쌓아가기 위해서는

사람들은 세상을 살다 보면 가끔 어려움에 닥치기도 합니다. 이때 어떤 어려움이라도 지혜가 있으면 잘 해결할 수가 있습니다. 그러나 그 지혜는 하루아침에 이루어지는 것이 아닙니다. 좋은 지혜, 현명한 지혜는 많은 사람들의 이야기를 잘 들을 때 생겨납니다. 또 좋은 책을 많이 읽어 풍부한 지식이 많이 쌓였을 때 생겨납니다.

나아가 이 세상을 올바르게 바라보는 바른 눈, 사물을 바르게 볼 수 있는 바른 판단력이 길러질 때 생겨납니다. 그리고 나보다도 다른 사람을 많이 생각할 때 좋은 지혜가 생겨나게 됩니다.

사람들과 어울릴 때 항상 열린 마음을 가지고 대할 때 지혜로운 생각도 자라납니다. 나의 지혜로운 생각은 나와 관계하는 사람을 아름답게 해줍니다.

 자유롭게 생각해보기

나의 지혜를 발휘하여 어려운 문제를 해결하였던 경험을 자랑해볼까요?

37

스피노자 할아버지의 꿈

어느 봄날에 한 할아버지가 포도나무를 심고 있었습니다. 낚시를 하러 가던 20대의 젊은 청년이 이야기하였습니다.

"할아버지, 지금 몇 살이신데 포도나무를 심으십니까? 지금 심어서 언제 포도를 따 먹으려고요? 지금 당장 먹을 수 있는 낚시를 하러 가십시다."

또 어느 봄날에 이 할아버지는 감나무를 심고 있었습니다. 산에 약수를 뜨러 가던 30대 아저씨가 이야기하였습니다.

"할아버지, 지금 몇 살이신데 감나무를 심으십니까? 지금 심어서 언제 감을 따 먹으려고요? 지금 당장 먹을 수 있는 약수를 길으러 갑시다."

또 그다음 어느 봄날에 이 할아버지는 사과나무를 심고 있었습니다. 산에 산딸기를 따러 가던 40대 아저씨가 이야기하였습니다.

"할아버지, 지금 몇 살이신데 사과나무를 심으십니까? 지금 심어서 언제 사과를 따 먹으려고요? 지금 당장 먹을 수 있는 산딸기를 따러 갑시다."

이때마다 할아버지는 젊은 사람들에게 한마디의 이야기만 해 주었습니다.

"여보게, 내일 당장 이 세상의 종말이 온다 하더라도 나는 오늘 사과나무를 심겠네."

이 이야기의 주인공은 약 320년 전 네덜란드의 암스테르담에서 태어나 많은 사람들에게 존경을 받았던 스피노자Spinoza라는 철학자입니다.

사람들이 먼 미래를 성공적으로 살아가려면 무엇을 준비하여야 할까요?

먼저 나에게 꼭 필요한 일이 무엇인지를 깨닫는 일입니다.

공부를 위한 것, 건강한 몸을 만드는 일, 건전한 취미 생활, 특기를 키우는 일, 사람들과의 사귐, 장차 내가 원하고 이루고 싶은 것, 사람으로서 가져야 할 기본 인성과 태도 등, 내가 꼭 해야 할 것을 바로 찾고 깨닫는 것입니다.

다음에는 어떻게 해야 되는지에 대한 답을 스스로 찾아야 합니다. 내게 필요한 일을 이루기 위해서는 나 스스로의 힘으로 해결하도록 노력하여야 합니다. 내 힘으로 할 수 없는 일은 부모님, 선생님, 가족, 친구 등 주변에 있는 사람들의 도움을 받으면 될 것입니다.

그리고 꾸준히 실천하는 일입니다. 성공하는 미래를 가꾸는 사람들은 각자가 지닌 성공하는 씨앗을 평소에 잘 가꾼 사람들입니다. 항상 자신을 다듬고 실천의 노력을 게을리하지 않은 사람들입니다. 꼭 해야 할 일이면 아무리 힘들어도 미루지 않고 실천하는 것이 성공의 시작이기 때문입니다.

사람은 무한한 가능성의 존재

사람은 누구나 무한한 가능성을 지니고 있습니다. 성공적인 미래를 맞이하기 위해서는 스피노자의 가르침처럼 미래를 생각하면서 오늘에 할 일을 하나씩 하나씩 실천해나가는 일이 나를 성장하게 해줍니다.

 자유롭게 생각해보기

스피노자 할아버지의 꿈은 무엇이었을까? 그리고 나의 미래를 위해 앞으로 할 일과 이를 이룰 수 있는 방법을 정리하여 봅시다.

철학자 스피노자의 이야기에 대한 나의 생각을 친구들과 토의하여 봅시다.

"내일 당장 이 세상의 종말이 온다 하더라도
나는 오늘 한 그루의 사과나무를 심겠다."

38

시간은 황금보다 소중한 것

다음 문제에서 '이것'은 무엇일까요?

이것은 하나님께서 우리 인간에게 가장 평등하게 주신 것입니다.
이것은 쉴 사이 없이 흘러갑니다.
이것은 저축을 할 수도 없습니다.
이것은 남에게 빌려주거나 빌려 쓸 수도 없습니다.
이것은 황금을 주고도 사지 못합니다.
이것은 흘러가버리면 과거가 되고 앞으로 다가올 것은 미래입니다.
이것은 가장 소중하면서도 낭비하기 쉬운 것입니다.
이것을 유용하게 잘 관리하는 일은 행복을 잘 준비하는 사람입니다.

계속해서 다음 이야기를 읽고 생각해봅시다.

어느 날 아버지가 아들 3형제를 불렀습니다.

"너희들이 작년 한 해 동안에 가장 어려웠던 일 한 가지씩만

말해보아라."

먼저 맏아들이 대답하였습니다.

"저희 집의 값진 보물을 모두 도둑을 맞았습니다."

"그것은 어렵지 않다. 잃어버린 보물을 내가 사줄 터이니 앞으로 문단속을 잘하여라."

둘째 아들이 대답하였습니다.

"저는 10년이나 사귄 친구와 싸움을 하다가 그를 잃었습니다."

"그것도 걱정할 것 없다. 이 아비가 너의 진심을 친구에게 설명해줄 터이니 지난 일을 사과하고 다시 잘 사귀도록 노력하여라."

막내아들이 대답하였습니다.

"저는 작년 한 해 동안 그냥 되는 대로 목표도 없이 지내왔더니 아무것도 해놓은 게 없습니다."

"막내야, 네가 놓쳐버린 □□만은 내가 아무리 능력이 있어도 찾아줄 수가 없구나. 앞으로 □□을 놓치지 않도록 잘 관리하여라."

'이것'은 무엇일까요? 바로 시간時間입니다.

중국의 도연명陶淵明이 지은 귀거래사歸去來辭란 시입니다.

> 젊은 나이는 거듭 오지 아니하고,
> 하루에 새벽은 두 번 오지 않는다.
> 세월은 사람을 기다리지 않으니,
> 때가 이르거든 마땅히 배움에 힘쓰라.

또 중국의 주자朱子라는 학자는 시간과 배움을 이렇게 말합니다.

소년은 늙기 쉽고 학문은 이루기 어려우니,
짧은 시간이라도 가벼이 여기지 마라.
오늘 배우지 아니하고서 내일이 있다고 말하지 말며,
올해에 배우지 아니하고 내년이 있다고 말하지 말라.
날과 달은 흐르니 나를 위해 더디 가지 않는다.

두 번 다시 돌아오지 않는 시간

사람들에게 시간은 오직 한 번밖에, 또 누구에게나 공평하게 주어집니다. 문제는 시간을 어떻게 관리하고 잘 사용하는가에 따라 사람의 됨됨이가 달라집니다. 그러므로 많은 것을 배워야 하는 여러분들의 시간은 무엇보다 소중한 것입니다. 배움에 힘쓰고 시간을 잘 관리하는 자만이 장차 성공할 수 있을 것입니다. 시간은 황금보다 소중한 것입니다.

 자유롭게 생각해보기

[촌음(짧은 시간)을 아껴 써라]는 이야기가 있습니다.
이 말에 대한 여러분들의 경험이나 생각을 예를 들어 이야기해볼까요?
☆ 시간을 잘 써서 보람 있었던 일
☆ 시간을 잘 아껴 쓰지 못하여 후회되었거나 잘못되었던 일

[오늘 일을 내일로 미루지 말라]는 이야기가 있습니다.
혹시 오늘 할 일을 미루지는 않았나요?
그동안 내가 하려고 계획하였던 일을 미루거나 실천하지 못한 일을 찾아보고, 친구와 서로 이야기를 나눠보세요.

39

열등감에 대응하는 자세

러시아 출신인 톨스토이Tolstoy는 일기를 꾸준하게 쓴 세계적인 문학가입니다. 오늘날 그가 남긴 훌륭한 문학작품들은 많은 사람들에게 감동을 주고, 존경받는 인물로 기억되고 있습니다. 그런데 톨스토이는 20대의 청년기에 자기 자신의 모습을 다음과 같이 일기에 남겼다고 합니다.

'나는 못생겼고, 절도가 없다. 또 겸손할 줄 모르고, 참을성이 없다. 나는 수줍어한다. 나는 용감하지도 못하고, 생활이 조직적이지도 못하다. 나는 게으르며 구제할 수 없다.'

세계적인 문학가 톨스토이 같은 사람도 청년기에 이와 같은 자기 열등감에 사로잡혀 있었다는 것은 믿기가 어려울 정도입니다.

열등감에 대한 두 가지 해석

열등감劣等感이란 **'다른 사람에 비하여 자기는 뒤떨어졌다거나 자기에게는 능력이 없다고 생각하는 것'**을 뜻합니다. 흔히 우리 주변에서 열등감에 사로잡혀 고민하고 있는 사람들을 볼 수 있습니다.

> 사람들은 어떤 점에 열등감을 느끼고 있을까요?
> ① 신체적인 점으로 미모, 키, 생김새, 특징 등 남과 비교해보아 못하다고 생각하는 점
> ② 정신적인 것으로 성적이 나쁘다거나 운동을 못한다거나, 성격이 남과 못하다고 생각하는 점
> ③ 사회적인 것으로 잘살고 못사는 것을 비롯하여 별다른 원인 없이 열등감에 사로잡혀서 힘들어하는 경우

대부분의 사람들은 자신에 대한 불만이나 열등감을 느끼고 있다고 합니다. 그러나 이러한 열등감을 느낄 때 생각하고 대응하는 방법에 따라 그 결과가 크게 차이가 나는 경우를 많이 보게 됩니다.

열등감에 대응하는 자세

하나는 '내게 부족하고 나쁜 점은 무엇인가?'라고 스스로 반문하면서 애쓰는 사람입니다. 자신의 부족한 점 때문에 처음에는 괴로워도 하지만 부족한 점을 꾸준히 고치려고 애쓰는 사람이 있습니다. 이런 사람은 자기도 모르는 사이에 열등감이 줄어들고 오히려 자기 성장의 발판을 새롭게 만들어 성공으로 이끌어주는

사람입니다.

그러나 반대로 자신의 부족한 면에 대하여 실망하고, 노력은 하지 않은 채 낙담만 하는 사람을 보게 됩니다. 이런 사람은 부족한 점을 극복하는 대신 자꾸만 자신을 헐뜯고 어두운 생각을 가지고 살아갑니다. 사람들과 잘 어울리지 못하고, 꿈을 파괴하여 자신의 성장을 위해 전혀 도움이 되지 않는 부정적인 생각에 사로잡혀서 건강을 해치거나 몸을 상하게 하거나 힘을 소모하는 것입니다.

나의 열등감을 이용하자

영국의 '폴 포츠Paul Potts'라는 사람은 오페라 가수가 되고 싶었습니다. 그리고 그는 비호감적인 외모, 말더듬이, 학생 시절의 왕따, 악성종양 수술을 받은 몸, 교통사고를 당하기도 하는 등 온갖 어려움을 극복하고 마침내 영국에서 음악으로 성공한 세계적인 인물이 되었습니다.

우리나라에도 "못생겨서 미안합니다"라고 하면서 대한민국 사람들을 웃음으로 행복하게 해주었던 '이주일'이란 코미디언이 있었습니다. 그는 "내가 이렇게 생긴 것에 뭐 도와준 거 있냐?"라며 자신감을 가지고 웃음을 나누어주면서 성공적인 삶을 살았습니다.

자신에게 열등한 부분이 있었으나 성공한 사람들의 공통점은 자신의 열등감을 이용하여 성공했다는 점입니다. 못 배웠으니 더 배우려고 노력했고, 가정 형편이 어려웠기에 더욱 열심히 일했으며, 불우한 환경에서 자라났기 때문에 훌륭한 일을 하게 되었고, 몸이 온전하지 못했기에 다른 사람들보다 세 배 네 배 더 노력했던 것이 많은 사람들로부터 '성공인'으로 축하를 받을 수 있었습니다.

자성예언을 통한 열등감 극복

자성예언自成豫言이라는 말이 있습니다. 이는 '자신이 이루고자 하는 바를 마음속에 반복하여 심으면 언젠가는 그것이 이루어진다'는 뜻입니다.

자신이 지니고 있는 열등감은 언젠가는 극복할 수 있는 것들입니다. '나는 할 수 있다'는 자신감과 '나는 무엇이 꼭 되겠다'는 자성예언으로 성공하는 미래를 그려봅시다.

 자유롭게 생각해보기

다음을 읽고 이에 대한 여러분들의 생각을 이야기해볼까요?

'열등감'에는 두 가지 특징이 있다고 합니다.

하나는 **'객관성이 없다'**는 것입니다. 다른 사람은 전혀 모르고 있는데 자신만 느낀다는 사실입니다. 남들은 아무렇지도 않은데 본인만 싫고, 남들은 신경도 안 쓰고 있는데 창피해서 어쩔 줄을 모르고 아예 주눅까지 듭니다. 그만큼 무의미하다는 것입니다.

또 다른 하나는 **'다른 사람들은 전혀 관심이 없다'**는 것입니다. 다른 사람의 열등감을 알아냈다고 해도 거의 상관하지 않는다는 사실입니다. 오직 자신만의 고통스러운 짐일 뿐인 것이지요.

인내는 쓰다, 그러나 그 열매는 달다

이야기 하나

펭귄은 남극에 사는 동물입니다. 암컷 펭귄이 알을 낳으면 수컷 펭귄은 온몸과 날개로 알을 덮고 새끼가 부화할 때까지 알을 품어줍니다. 두 달 이상을 아무것도 먹지 않고 영하 40도의 강추위와 강풍을 견디며 알을 품어준 후에야 귀엽고 예쁜 새 생명을 얻게 됩니다. 참으로 대단한 인내심을 가진 '남극의 신사 아빠'입니다.

이야기 둘

발명왕 에디슨은 전구를 발명하면서 2,000번이나 실패를 거듭하면서도 스스로는 성공을 향해 가는 과정일 뿐이라 여기면서 전구를 만드는 일에 성공하였습니다. 이와 같은 대단한 인내심과 끈질긴 노력이 없었더라면 발명왕 에디슨이란 위대한 이름도 없었을 것입니다.

이야기 셋

헬렌 켈러는 장님, 벙어리, 귀머거리의 3중 장애를 겪으면서도 절망하지도, 포기하지도 않고 피눈물 나는 인내심을 가지고 장애를 극복하여서 '빛의 천사'라 불리는 삶을 살았습니다.

이야기 넷

세계적인 물리학자 스티븐 호킹Stephen Hawkin은 손가락 하나도 제대로 움직이지 못하고 말도 제대로 하지 못하지만 '우주에 대한 완전한 이해'를 목표로 하며 인내심을 가지고 우주를 연구하고 있습니다.

이야기 다섯

'강남 스타일'로 세계인을 춤추게 하는 싸이PSY의 '말춤'도 인내심을 가지고 하나의 '춤'을 완성하였습니다. 그 결과 오늘날 전 세계 사람들을 춤추게 하고, 즐겁게 해주는 한국인 가수 박재상이 되었습니다.

참는 것이 모든 바른 행실의 근본

옛날 중국의 공자孔子의 제자인 자장이 벼슬길에 나서면서 스승께 물었습니다.

"선생님, 몸의 행실을 닦음에 가장 좋은 방법이 무엇입니까?"

그러자 공자는 "참는 것이 모든 바른 행실의 근본이다"라고 대답하였습니다.

'**인내**忍耐'란 '**괴로움이나 어려움을 참고 견디는 마음**'을 뜻합니다. 사람이 어떤 일을 끝까지 참고 견디며 노력하는 마음 자세를 의미합니다. 오늘날 우리 사회의 각 분야에서 성공하는 사람들의 공통점은 인내심으로 어려움을 이겨낸 사람들입니다. 그들의 성공 뒤에는 보통 사람들에게는 찾아볼 수 없는 뛰어난 인내력이 있었고, 그 결과 자신의 분야에서 최고가 된 사람들입니다.

대개 인내심이 부족한 사람들은 다음과 같은 행동을 나타냅니다.

- 사소한 일에도 쉽게 짜증을 내고 싫증을 잘 냅니다.
- 참지 못하고 성급하게 행동을 합니다.
- 쉽게 포기합니다.
- 일을 뒤로 미루어버립니다.
- 재능이 있어도 그 재능을 다 발휘하지 못합니다.

인내는 쓰나 그 열매는 달다

'인내는 쓰다. 그러나 그 열매는 달다'는 격언에서 알 수 있듯이 여러분들이 목표하는 바를 성공하려면 반드시 어려움을 인내심으로 이겨내어야 좋은 결과를 얻을 수 있습니다. 아무리 능력

이 뛰어나도 한 가지 일에 꾸준하지 못하면 결국에는 실패하게
마련입니다. 내가 이루고자 하는 일에 인내심을 가지고 최선을
다하는 것이 성공의 지름길입니다.

 자유롭게 생각해보기

　어려움을 인내심으로 극복한 사람들을 알아보고 본받을 점을 이야기해
볼까요?

41

인생을 바꾸는 작은 습관

워런 버핏Warren Buffett은 20세기에 가장 성공한 투자자로 인정받는 미국의 사업가이자 자선사업가입니다. 그는 아주 가난한 가정에서 태어나 소년 시절에는 신문을 배달하면서 공부를 하였습니다. 그러나 그의 손에는 항상 책이 들려 있었습니다. 잠시라도 책을 읽지 않고서는 어떤 일도 잘하지 못할 정도로 하나의 습관이 되어 있었습니다.

그가 16세 되는 때에 벌써 그의 관심사업과 관련된 책을 수백 권이나 읽었다고 합니다. 또 그가 20세가 되었을 때에는 독서를 통한 전문적인 지식으로 큰돈을 모으는 등 훌륭한 사업가로서의 자질을 갖추었습니다. 그의 독서는 기업을 이끄는 최고의 관리자가 되어서도 계속되었으며, 그 결과 오늘날 전 세계에서도 으뜸가는 기업가로 성공적인 활동을 하고 있는 사람입니다.

워런 버핏Warren Buffett은 자신의 독서습관에 대해 이렇게 이야기하였습니다.

> "나는 보통 사람의 평균보다 5배의 책을 더 읽는 것 같습니다. 나는 아침에 일어나 사무실에 가면 자리에 앉아 책을 읽습니다. 그리고 일하고 퇴근할 때는 꼭 읽을거리를 가지고 집으로 돌아와 또 읽습니다."

성공한 사람들에게는 성공한 이유가 있다.

성공한 많은 사람들에게는 남과는 다른 그들만의 '**무엇**'이 있음을 발견하게 됩니다. 시대를 개척하고 앞서 가는 사람들은 다른 사람들보다 생각이 늘 앞서 있습니다. 남보다 더 깊이 생각하고 더 넓게 생각하기 때문입니다. 독서는 그것을 가능하게 해주는 시작입니다. 특히 어릴 때의 독서는 생각의 힘을 키워 주기 때문에 한평생 중요한 재산으로 남게 됩니다.

'**작은 습관 하나가 인생을 바꾼다**'는 격언이 있습니다. 워런 버핏은 평소에 꾸준하게 독서를 하는 습관이 있었기 때문에 수많은 정보와 지식을 가질 수가 있었고 성공할 수 있었습니다. 사람의 작은 습관 하나하나가 모여 성공적인 미래를 만들어냅니다.

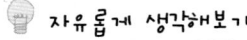 자유롭게 생각해보기

여러분들이 읽은 책 중에서 지금 기억에 남는 책은 무엇인가요?
나의 독서 생활을 되돌아보고 좋은 독서 습관을 기르기 위해 고쳐야 할 점에 대해 솔직히 이야기해볼까요?

42

인생을 아름답게 해줄 친구

아래 그림은 해 질 녘 농부가 수확을 마치고 신에게 감사의 기도를 올리는 장면을 그린 프랑스의 유명한 화가 '밀레Millet'의 **만종**이라는 작품입니다.

만종

밀레가 유명한 화가가 되기 전에 경제적으로 가장 어려웠던 시절에 겪은 친구와의 이야기입니다.

어느 날 그림 작품을 잘 팔지 못하고 있던 밀레에게 친구 루소가 찾아왔습니다.

"여보게, 좋은 소식이 있네. 내가 화랑에 자네의 그림을 소개했더니 적극적으로 사겠다고 하는군. 이것 봐, 나더러 그림을 골라달라고 선금을 맡기더라니까."

루소는 이렇게 말하며 밀레에게 300프랑을 건네주었습니다.

그동안 입에 풀칠할 길이 없어 생활이 막막하던 밀레에게 그 돈은 생명줄과 같았습니다. 또 자신의 그림이 누구에겐가 인정을 받고 있다고 생각하니 기뻤고, 또 큰 자신감을 가지고 그림에 몰두할 수 있게 되었습니다. 몇 년 후 밀레의 작품은 사람들에게 아주 비싼 값에 팔리며 어느덧 그는 유명한 화가가 되었습니다.

어느 날 밀레는 친구 루소의 집에 갈 일이 있었습니다. 루소의 방안에는 밀레의 그림이 걸려 있었습니다. 그 그림은 몇 년 전에 300프랑에 팔았던 바로 그 그림이었습니다. 밀레는 친구 루소의 깊은 배려의 마음을 알게 되었고 그 고마움에 눈물을 글썽였습니다. 두 사람의 우정은 더욱 깊어졌습니다.

내 인생을 아름답게 만들어줄 나의 소중한 친구

옛말에 '사람의 인물 됨됨이를 알려면 그 사람의 친구를 보면 알 수 있다'고 하였습니다. 중국의 공자는 친구와 사귈 때에 "나에게 유익함을 주는 친구가 셋益者三友이 있으며, 또 손해를 보게 하는 친구도 셋損者三友이 있다"고 하였습니다.

유익함을 주는 친구는 ① 올바름을 이야기해주고, ② 진실을 이야기해주며, ③ 지혜를 함께 나누어서 서로 유익한 관계를 유지하게 해줍니다. 반면에 손해를 주는 친구는 ① 알랑거림을 많이 하고, ② 남의 비위만 맞추려고 아첨을 잘하며, ③ 말만 앞세우고 실천이 없는 친구를 말합니다.

'루소와 밀레'의 이야기에서처럼 젊은 날의 소중한 친구는 인생을 아름답게 해줍니다. 지금 여러분들과 어울리는 친구와 올바름과 진실과 지혜를 함께 나누는 친구가 되도록 노력하기 바랍니다. 좋은 친구는 나의 인생을 아름답게 성장하게 해 줍니다.

 자유롭게 생각해보기

지금 나의 친구는 어떤 친구이고 나 또한 그에게 어떤 친구로 비추어지는지 생각해볼까요?

43

진인사대천명盡人事待天命

그림을 아주 잘 그리는 한 청년이 있었습니다. 그는 어느 부잣집의 정원에서 나무와 꽃을 손질하고 가꾸면서도 그림공부에 대한 꿈과 열망은 변함이 없었습니다.

미켈란젤로의 조각

그는 정원을 아름답게 꾸미고 나무화분에 예쁜 조각을 열심히 새기면서 자신의 꿈을 키워가고 있었습니다. 어느 날 주인이 청년에게 물었습니다.

"너는 월급을 더 주는 것도 아닌데 무엇 때문에 이렇게 열심히 조각을 하느냐?"

"예, 저는 이 정원을 사랑합니다. 정원을 아름답게 가꾸는 것은 저의

기쁨입니다. 월급이 많고 적은 것과는 상관이 없는 일입니다"라
고 대답했습니다.

　이 말에 큰 감동을 받은 주인은 이 청년이 미술 공부를 잘할
수 있도록 뒷바라지를 잘 해주었습니다.

　미켈란젤로Buonarroti Michelangelo의 청년 시절 이야기입니다.

　그는 늘 자신의 일에 최선을 다하였습니다. 그 결과 오늘날 세
계에서 가장 유명한 조각가의 한 사람으로 남았고 그의 작품은
많은 사람들을 감동시키고 있습니다.

사람들은 각자의 재능빌딩을 만들어갑니다

　사람들은 각자가 눈에 잘 보이는 빌딩과 눈에 잘 보이지 않는
'재능빌딩'을 만들어나갑니다. 사람들의 눈에 잘 보이는 크고 훌
륭한 빌딩을 잘 지으려면 처음부터 벽돌 한 장 한 장을 바르게
쌓아 나가야 합니다. 꾸준하고 성실하게 잘 쌓아나가지 않으면
높고 훌륭한 빌딩을 결코 지을 수가 없게 됩니다.

　눈에는 잘 보이지 않으나 기술과 재능이 없으면 이룰 수 없는
'나의 재능빌딩'을 만드는 일 또한 성실하게 재능을 갈고 닦지
않으면 결코 좋아지지 않는 빌딩입니다.

　장차 여러분의 '재능빌딩'은 과연 어떤 모습으로 나타날까요?

노력하는 자에게 좋은 결과도 따라온다

우리 옛말에 '진인사대천명盡人事待天命'이라는 말이 있습니다. 이 말의 뜻은 **'사람이 자기가 할 일을 다 해놓은 후 하늘의 뜻을 기다려야 한다'**는 의미입니다.

또 **'하늘은 스스로 돕는 자를 돕는다'**라는 말도 있지요. 자기가 맡은 일을 성실히 하는 사람은 비록 현재는 빛이 안 난다 해도 언젠가는 이것이 잘 알려지게 되고 남에게 존경을 받게 됩니다.

미켈란젤로처럼 자신의 일에 즐거운 마음으로 정성과 성실을 다하고 기다리는 사람이 '나의 재능빌딩'을 크고 튼튼하고 멋있게 세울 수 있으며 존경받는 일생을 살아갈 수 있을 것입니다.

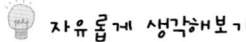 자유롭게 생각해보기

'진인사대천명'의 참 의미에 대하여 다시 한 번 생각해보고, 나의 성실함에 대해 스스로 평가해볼까요?

44

내 안에 숨어 있는 진주 찾기

푸른 바닷속, 물의 나라 바닥에 조개가 살고 있었습니다. 조개에게는 아무런 재주가 없었습니다. 그저 모래 위에서 조금씩, 조금씩 움직일 뿐입니다.

'나도 물고기처럼 헤엄을 치고 싶은데.'

'나도 게처럼 달음박질을 하고 싶은데.'

'나도 새우처럼 뜀뛰기를 하고 싶은데.'

조개는 물고기와 게와 새우를 부러워하다가 그만 마음의 병을 얻었습니다.

처음에는 그저 속살이 조금 아픈 몸살정도였으나 시간이 지날수록 점점 더 살을 찢는 것처럼 아프고 괴로웠습니다. 때마침 덮쳐 오는 파도에 이리저리 모래 위를 데굴데굴 정신없이 굴러다녔습니다.

얼마 후 파도가 잠잠해지고 나서 정신을 차린 조개는 굳게 닫았던 껍데기를 열어 보았습니다. 조개는 자기의 몸에서 반짝반짝

빛나고 있는 것을 보았습니다. 아름다운 진주였습니다.

내가 품고 있는 진주는 무엇일까

여러분들에게도 조개처럼 아름다운 **진주**가 하나씩 들어있지 않을까요? 단지 우리는 내게 있는 그 **진주**를 잘 찾지 못하고 있을 뿐인 것입니다. 공부를 잘 못하는 어린이이든, 운동을 못하는 어린이이든, 스스로 못생겼다고 생각하는 사람이든, 하물며 '나는 참 바보'라고 생각하고 있는 사람에게도 그 사람만이 가지는 진주가 있을 것입니다.

대부분의 사람들은 잠재능력의 4퍼센트도 쓰지 못한다고 합니다. 내 안에 숨어 있는 **진주**와 같은 잠재능력은 빙산 덩어리처럼 깊숙이 수면 아래에 잠겨있지만 사용하는 방법에 따라서는 언제든지 물 위로 떠오를 가능성이 있습니다. 내가 가진 **진주**는 무엇일까요?

나의 단점이라고만 생각했던 것도 그것을 일상생활에서 어떻게 이용하는가에 따라서 얼마든지 여러분들만의 재능으로 탈바꿈할 수 있습니다. 지금까지 미처 알아차리지 못했었던 여러분들의 **진주**를 찾고 가꾸기! 지금부터 해보세요.

 자유롭게 생각해보기

나에게 숨어있는 '진주'는 무엇일까요? 또 자신이 생각하는 '나의 부족한 점'은 무엇인지 이야기하여 보고 어떻게 하면 더 잘할 수 있을까에 대해 이야기 나눠보세요.

45

집중력 키우기

어느 농촌 마을에 "참 똑똑하다"고 칭찬을 받으며 자라는 한 소년이 있었습니다. 소년은 도시로 진학을 하였습니다. 도시에서 다른 학생들과 공부를 겨루다 보니 자신보다 더 똑똑하고 공부를 잘하는 사람들이 많았습니다. 그래서 '나의 재능은 그저 평범한 수준이야'라고 생각한 그는 공부를 할 때 '남다른 방법으로 공부를 하자'라고 결심을 하였습니다.

그가 선택한 공부 방법은 '집중력 있게 공부하자'였습니다. 먼저 책을 집중력 있게 읽기 위해 여러 가지 책을 다음과 같은 세 가지 유형으로 분류하였습니다.

- 책의 제목 정도만 볼 책
- 30분 정도 대충 읽어볼 책
- 내용에서 단어 하나, 문장 하나까지도 외우고 익혀야 할 책

이런 분류기준에 따라 여러 가지 종류의 책을 분류하였습니다.

그리고 집중력을 발휘하여 열심히 공부하였습니다. 마침내 그는 좋은 성적으로 중·고등학교를 마치고 의과 대학을 졸업한 후 의사가 되어 우리 사회의 훌륭한 리더로 살아가고 있습니다.

'시골 의사 박경철'의 이야기입니다.

우리는 어떤 일이 잘 안 될 때 흔히 '집중이 잘 안 돼요!'라고 이야기합니다. 그럴 때는 집중이 잘 안 되는 이유에 대하여 생각해보아야 합니다.

다음에는 '나의 집중력을 키워나갈 수 있는 방법'입니다.

첫째, 내 주위환경을 잘 정리정돈 하는 일입니다.

내 주변의 환경은 나의 집중력에 아주 큰 영향을 줍니다. 그러므로 집중이 안 되는 사람은 우선 주변 환경부터 잘 정리정돈 하여야 합니다. 주변의 잡음, 통풍, 온도, 조명 등 주변의 환경을 잘 만들어서 집중력을 높이는 좋은 분위기를 만들어야 합니다.

둘째, 건강한 신체 상태를 잘 유지하는 일입니다.

몸이 아프거나, 배고프거나, 또 배가 너무 부르거나, 피곤해도 정신집중이 잘 안 됩니다. 그러므로 신체적으로 건강한 몸을 만들도록 노력해야 합니다.

셋째, 건강한 마음 상태를 잘 유지하는 일입니다.

항상 명랑하고 즐거운 마음, 긍정적인 생각을 가집니다. 지난 일에 대한 후회나 쓸데없는 공상, 미래에 대한 염려 등은 정신을 산만하게 합니다.

넷째, 하는 일에 자신감과 즐거운 마음을 가지는 일입니다.

자기가 좋아하는 일을 하게 되면 집중해서 일할 수 있습니다. 에디슨은 일하는 것이 즐겁다고 생각하면서 일하였으며, 하루에 18시간씩 일해도 결코 피곤해하지 않았다고 합니다.

다섯째, 목표를 세우고 한 번에 한 가지씩 하는 일입니다.

두 마리 토끼를 쫓는 자는 한 마리도 못 잡습니다. 한 가지 일에 목표하였으면 한 가지에 힘을 집중해야 합니다.

우리 속담에 '낙숫물이 바위를 뚫는다'는 말이 있습니다. 어느 한 가지 일에 나의 모든 집중력을 발휘하여 노력한다면 이루지 못할 일이 하나도 없을 것입니다.

'집중력'은 나를 크게 성장시켜주는 밑바탕이 됩니다.

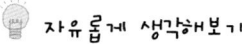 자유롭게 생각해보기

나의 집중력 정도는 어떠한지 스스로 판단해볼까요?
나의 집중력을 방해하는 것은 무엇인가요?
또 집중력을 키워가려면 어떻게 해야 하는지 친구들과 이야기해볼까요?

46

향기를 풍기는 사람

어느 날, 스승과 제자가 함께 걷다가 길에 떨어져 있는 종이 한 장을 발견하였습니다.

"저 종이가 무엇이냐?" 제자가 달려가 그 종이를 주워서 이리 저리 살펴보았습니다. "아마 향을 쌌던 종이인가 봅니다. 향기로운 냄새가 배어 있습니다."

그리고 또 한참을 가다 보니, 이번에는 웬 새끼줄이 바닥에 떨어져 있었습니다. 스승은 그 새끼줄을 가져오라고 하였습니다.

"이 새끼줄에서는 지독한 냄새가 납니다. 썩은 생선을 묶었던 것 같습니다."

그러자 스승은 조용히 미소를 지으면서 말했습니다.

"보아라. 사람도 이와 같은 것이다. 악한 일을 많이 한 사람은 썩은 생선을 묶었던 새끼줄처럼 고약한 냄새가 나고, 착한 일을 많이 한 사람은 향을 쌌던 종이처럼 맑고 향기로운 냄새가 나는 것이란다."

불경에서의 가르침입니다.

'사람은 저마다 마음으로 느낄 수 있는 냄새가 있다'

사람에게도 각자의 냄새가 있습니다. 이 냄새는 코로 맡는 냄새가 아니라 눈으로, 마음으로 느끼는 냄새입니다. 자신에게서 나는 냄새를 맡는 방법은, 바로 지금 내가 어떤 마음을 가지고 있는가를 생각해보면 알 수 있습니다. 또 지난날 어떤 마음을 더 많이 가지고 사람들을 대하였는지 생각해보면 알 수 있습니다.

친구를 얼마큼 즐겁게 해주었는가?
형제간에는 양보를 많이 했는가?
친구의 작은 친절에도 크게 고마워했는가?
친구의 어려움을 내 일같이 돌보아주었는가?
후배들을 동생같이 사랑하고 보살펴주었는가?
몸이 불편한 친구를 잘 도와주었는가?
나를 도와준 사람들에게 감사 인사를 하였는가?
남이 버린 휴지를 몇 번이나 주웠는가?
부모님과 선생님의 은혜에 늘 감사하고 살았는가?

과연 나에게서 나는 냄새는 어떤 냄새인가요? 향을 쌌던 종이처럼 향기로운 냄새일까? 썩은 생선을 묶었던 지독히 고약한 냄새일까? 또 아무런 냄새도 나지 않을까? 향기가 나는 일을 많이 한 사람은 향기로운 냄새가 날 것이고 이와 반대로 좋지 못한 일을 많이 한 사람은 고약한 썩은 냄새가 날 것입니다.

경기도 용인시 능원리에 고려 말 충신이었던 정몽주의 어머니가 지었다는 시조비가 있습니다.

> 까마귀 싸우는 골에 백로야 가지 마라
> 성난 까마귀 흰빛을 새오나니
> 청강에 고이 씻은 몸을 더럽힐까 하노라

백로에게 까마귀의 곁에 갔다가 검은 물이 들까 봐 경계하라고 타이르듯이 고약한 냄새가 나는 나쁜 일을 많이 한 사람 곁에는 누구나 가까이 가기를 꺼릴 것입니다.

좋은 향기를 풍기는 사람이 되어야

향기가 나는 사람은 존경을 받게 됩니다. 그리고 사람들이 가까이 가고 싶어 합니다. 그래서 많은 사람들이 그 사람 주위에 모이게 됩니다. 그 사람과 가까이하면 즐겁고 기분이 상쾌해집니다. 그러나 심술궂고 남을 괴롭히고 남을 헐뜯고 잘난 체하고 욕을 하는 사람 곁에는 아무도 가려 하지 않습니다. 향기나는 언행은 성공하는 인간관계의 시작입니다.

 자유롭게 생각해보기

'향기나는 나'의 의미를 생각하고 지금까지 나의 언행 습관에서 고쳐야 할 점은 무엇인지 찾아볼까요?

47

나만의 나이테 만들기

항상 따뜻한 온도가 유지되는 열대지방에서 자라는 나무에는 나이테가 없다고 합니다. 그러나 우리나라처럼 봄, 여름, 가을, 겨울이 뚜렷한 환경에서 자라는 나무에는 나이테가 아름답게 만들어집니다. 우리의 생활에서도 즐거운 일, 어려운 일들이 많이 일어납니다. 그래서 사람들의 마음속에도 여러 가지의 나이테들이 만들어지게 됩니다.

우리는 어떤 나이테를 만들어가고 있을까요?

먼저, 나에게 무엇이 소중한 것인가를 생각해봅시다.

지금까지 나에게 정말 소중했던 것에는 무엇이 있는지 목록을 만들어보기 바랍니다. 나에게 진정 소중한 부모님, 선생님, 친구와 같은 사람과 책, 책상, 집, 컴퓨터와 같은 물건이나, 학교나 공원, 산, 강과 같은 여러 가지 환경 속에서도 소중한 것들을 찾을 수 있을 것입니다.

다음에는, 나에게 소중한 것들을 어떻게 갈무리하여야 할지를 생각해봅시다. 정말 소중한 것들 중에는 나를 즐겁고 행복하게 해준 것들도 있지만, 나를 힘들고 고통스럽게 한 것들도 있을 것입니다. 그러나 '실패는 성공의 어머니'라는 말도 있듯이 나를 힘들게 한 것들도 나의 소중한 지혜를 만드는 나이테가 될 것입니다. 조개 속의 상처도 잘 다루면 진주가 되며, 쓰레기도 잘 다루면 비료가 되고, 고난도 잘 다루면 축복이 되며, 슬픔도 잘 다루면 기쁨의 전주곡이 될 수 있기 때문입니다.

조지 윌터라는 사람은 **"돈과 사람과 아이디어는 필요한 곳으로 흘러가 소중히 다뤄지는 곳에 머무른다"**고 했습니다. 나에게 소중한 것인가 아닌가, 좋은 것인가 아닌가의 차이는 내가 어떻게 생각하느냐에 따라 그 가치가 달라질 것입니다. 그러므로 나에게 소중한 것들은 내가 소중하게 여기게 될 때 진정 소중한 것으로 자리매김하게 되는 것입니다.

나의 나이테는 주변의 소중한 사람들과 함께 만들어가는 것

여러분들에게는 함께 공부하는 친구들과의 우정 어린 친구들, 가르쳐주시고 이끌어주시는 선생님과 부모님, 나의 즐거운 일에 함께하는 사람들, 내가 힘들어 하고 어려운 일을 당했을 때 함께해주신 사람들 모두가 여러분들에겐 소중한 사람들입니다.

소중한 사람들과 '나만의 아름다운 나이테'를 함께 만들어봅시다. 지혜로운 사람은 소중한 것을 소중히 다룰 줄 아는 사람입니다. 소중한 것을 소중히 볼 수 있음은 나의 성장을 멋지게 키워주는 지혜입니다.

 자유롭게 생각해보기

나는 지금 어떤 나이테를 만들어가고 있는지 생각해보고, 친구들과 함께 이야기 나눠볼까요?

제3장

아름다운 세상

48

공감의 힘

여러 가지 종류의 휴지, 비닐, 담배꽁초, 각종 인쇄물 등으로 길거리가 늘 더러운 도시가 있었습니다. 시청 직원들은 이 문제를 해결하기 위해 의논을 한 후 시민들에게 알렸습니다.

"앞으로 길거리에 쓰레기를 버리는 사람에게는 벌금 50달러를 물리겠습니다."

이 발표문을 본 시민들은 한동안은 조심하는가 하더니 얼마 안 가서 거리는 다시 지저분해졌습니다. 이번에는 벌금액수를 더 많이 올리기로 했습니다. 역시 결과는 마찬가지였습니다. 시청 직원 한 사람이 이런 제안을 하였습니다.

"쓰레기를 버리는 사람에게 벌금을 물리는 대신 쓰레기통에 쓰레기를 버리는 사람에게 칭찬의 말을 듣도록 해주겠습니다."

시청에서는 여러 곳의 쓰레기통 뚜껑에다가 전자감응 장치를 달았습니다. 사람들이 쓰레기통 속에 쓰레기를 버릴 때마다 칭찬의 말이 흘러나왔습니다.

"당신은 참 훌륭한 시민이군요. 좋은 하루 되세요."
"깨끗한 도시! 우리가 만들어요."

이런 칭찬을 들은 시민들이 점점 늘어났으며, 시민들의 얼굴에는 밝은 미소가 피어올랐습니다. 이 도시는 쓰레기가 없는 아름다운 도시로 점점 변해갔습니다. '깨끗한 도시를 만들겠다'는 시민들의 '공감의 힘'이 아름다운 도시를 만드는 큰 힘이 되었습니다.

(출처: 대구광역시교육청(1997), 마음을 여는 이야기)

공감共感이란 '남의 생각이나 의견에 자기도 그러하다고 느끼는 것'을 의미합니다. 오늘날 우리는 다양한 사람들이 모여서 함께 살아갑니다. 서로의 생김새, 좋아하는 것, 가진 것도 서로 다른 모습이며, 생각의 표현과 기쁨, 슬픔, 화가 남, 무서움 등의 감정을 표현하는 방법도 사람마다 다양합니다.

그런데 사람들은 '기쁘다! 슬프다! 화난다! 무섭다!'를 말할 때 누가 옆에서 자기의 마음을 이해해주고 공감하는 말을 해주면 슬픔은 덜어지고 기쁨은 배가 되어 나타납니다. 이처럼 '공감의 힘'은 세상을 아름답게 만들어줍니다.

공감의 힘 키우기

다음은 '공감의 힘'을 키워줄 수 있는 몇 가지의 사례입니다.

첫째는 공감하는 말을 적절하게 사용합니다.

"아, 그래?", "정말?", "오~~ 저런" 등의 공감하는 표현은 상대방의 감정을 기분 좋게 해주며 좋은 관계를 만들어나가게 해주는 말입니다.

둘째는 공감하는 몸짓을 적절하게 해줍니다.

이야기를 들으면서 고개를 끄덕이거나, 눈을 보며 웃어주거나, 적절하게 박수를 쳐줍니다. 이와 같은 경청의 태도는 상대방에게 힘을 나게 해주는 공감의 표시입니다.

셋째는 공감하는 마음을 가슴으로 나타내 줍니다.

"네가 좋아하는 걸 보니까 나도 매우 기뻐!", "얼마나 가슴이 아프겠니?", "그렇지 잘~ 했어", "오, 나라도 속상하겠다" 등 상대방의 의견이나 생각에 '나도 그러하다'라는 나의 진실된 생각과 의견을 진심으로 전해주는 일입니다.

공감 능력을 갖춘 사람이 성공

세계적인 미래학자 제러미 리프킨은 그의 책 『3차 산업혁명』에서 "미래에는 공감의 능력이 뛰어난 사람이 성공할 수 있다."라고 하면서 '공감의 시대'를 예견하고 있습니다.

우리의 생활 속에서 내가 보여주는 공감의 표시가 다른 사람들에게 웃음을 주고, 분위기를 살려주고 아이디어를 샘솟게 하며 나쁜 관계를 좋게 만들어주기도 합니다. 그런데 대부분의 사람들은 자신과 비슷한 사람과는 공감을 쉽게 나타내지만, 나와는 처지가 다른 사람에게는 공감을 쉽게 표현하지 못하는 경우가 많이 있습니다.

서로 다른 사람들끼리 어울려 모두가 행복하고 아름다운 세상을 만들기 위해서는 공감하는 힘이 필요합니다. 일상생활 속에서 만나는 가까운 사람에게 내가 먼저 공감을 잘 표현하는 일은 아름다운 세상을 살아가는 지혜입니다.

 자유롭게 생각해보기

> '공감'의 표현과 비슷한 말에 '리액션reaction'이 있습니다. 이는 '다른 사람의 말이나 행동에 대해 반사적 작용으로 나타나는 연기'를 뜻합니다.
> 여러분들은 일상생활 속에서 공감이 가는 '나의 리액션'에는 어떤 습관이 있는지 알아보고 나의 리액션은 몇 점이나 되는지 생각해볼까요?
>
>

49

긍정과 부정의 차이

이야기 하나

어떤 사람이 길을 가다가 하늘에서 떨어지는 비둘기 똥을 머리에 맞았습니다.

"에이 재수 없어! 날아가다가 벼락에 맞아 확 죽어버려라."

또 다른 한 사람은 하늘에서 떨어지는 기러기 똥을 머리에 맞았습니다.

"휴, 다행이네. 비행기가 추락해서 내 머리에 맞았으면 어쩔 뻔 했어."

이야기 둘

몹시 목이 마른 두 사람이 물이 반쯤 들어 있는 컵을 보았습니다. 한 사람은 "물이 반 컵밖에 없네"라고 하며 불평을 하였습니다. 또 다른 한 사람은 "물이 반 컵이나 있네!"라고 감사하게 생각하였습니다.

이 두 사람들의 생각에는 어떤 차이점이 있을까요?

영국의 **하트필드**라는 학자는 '자기 자신에 대해 긍정적으로 생각하는 사람과 부정적으로 생각하는 사람은 어떤 차이가 있을까?' 하는 의문을 가지고 세 명의 남자에게 '상황에 따라 손에 물건을 잡는 힘이 어떻게 달라지는가?'를 실험하였습니다.

먼저 보통의 상태에서 그들에게 악력계를 힘껏 쥐게 하였습니다. 이 실험에서 그들의 평균 쥐는 힘은 약 **45kg**이었습니다.

다음에는 그들에게 최면술을 걸어 '당신은 참으로 약하다'라고 암시를 준 후 재어보았습니다. 그랬더니 평균 악력은 약 **13kg**으로 보통 상태의 힘보다 3분의 1 정도밖에 안 되었습니다.

그리고 세 번째 실험에서는 '당신은 아주 강하다'는 암시를 준 후 재어보았습니다. 평균 악력이 무려 약 **64kg**으로 아주 강한 힘을 나타냈습니다.

긍정적인 생각과 부정적인 생각의 차이

우리 주변에는 어떤 일에 대하여 긍정적으로 생각하는 사람과 부정적으로 생각하는 사람 두 종류의 사람들이 섞여 살아가고 있습니다.

긍정적으로 생각하는 사람은 '괜찮아!', '좋아질 거야', '난 할 수 있어'라고 생각하는 사람입니다. 그 결과 그가 지닌 능력 이상의 힘을 나타낼 수 있어서 일을 성공적으로 이루어내게 됩니다.

그러나 부정적으로 생각하는 사람은 '안 돼!', '난 못 해', '잘못될 거야'라고 생각합니다. 그 결과 실패할 수 있다는 것을 염려하기 때문에 성공을 이루어내지 못합니다.

우리 속담에 '가는 말이 고와야 오는 말이 곱다'는 말이 있듯이 긍정적이고 좋은 생각을 많이 하면 좋은 결과로 되돌아옵니다. 나의 긍정적인 생각은 '나와 우리'를 아름답게 만들어줍니다.

 자유롭게 생각해보기

마인드 컨트롤mind control이라는 말이 있습니다. 자기의 마음을 조절하여서 바라는 일을 성공하는 것을 뜻합니다.

내가 어떤 어려운 일을 당했을 때 긍정적인 생각으로 마인드 컨트롤하여 성공한 예를 이야기해볼까요?

50

대가를 바라지 않는 희생

한 알의 씨앗을 뿌리면 새싹을 틔우고 그 씨앗이 썩으면서 새
싹에 영양분을 제공해줍니다. 씨앗은 새싹을 위해 자기희생을 한
것입니다. 한 사람의 아름다운 희생이 개인이 속해 있는 가정이
나 집단 또 사회와 국가에 아름다운 이야기를 남겨 주는 경우를
보게 됩니다.

부모를 위해 자신의 간을 이식하여 사랑을 실천하는 자식의
효도 이야기, 시뻘건 불 속에 뛰어들어 생명을 구해내고 죽은 소
방관 이야기, 전쟁터에서 자신은 죽으면서 전우를 살리는 군인정
신 이야기, 가난하고 병든 사람들에게 전 재산뿐만 아니라 자신
의 모든 것을 주면서 사랑을 실천하는 사람들 이야기 등 남을 위
해 희생하는 이야기들은 우리 사회를 아름답게 만들어주는 것들
입니다.

또 길거리에 떨어진 휴지 한 장을 줍거나, 점심을 못 싸온 사람과 도시락을 서로 나눠 먹거나, 동네 길을 깨끗이 쓰는 것들도 희생정신이 있기 때문에 행할 수 있는 아름다운 행동입니다.

자신의 이익을 버리는 일

'희생정신'이란 '남을 위하여 목숨, 재물, 명예, 권리, 자유 등 자신의 것을 버리는 마음'을 뜻합니다. 등잔 안의 기름은 자신을 불살라 없애면서 빛을 내어 주위를 밝게 해줍니다. 소금은 맛을 내기 위해서 자신이 녹아야 합니다. 녹지 않는 소금은 쓸모없는 소금입니다. 비누는 사용할 때마다 자기 살이 녹아지고, 때가 되면 흔적도 없이 사라집니다. 그러나 그때마다 더러움을 없애줍니다. 만일 녹지 않는 비누가 있다면 비누의 구실을 잘하지 못할 것입니다. 자기희생을 통해 사람들에게 이로움을 주는 사람은 좋은 비누 같지만 어떻게 해서든 자기 것을 아끼려 하고 남에게 배려하지 못하는 사람은 물에 녹지 않는 비누와 같다고 할 수 있습니다.

대가를 바라지 않는 순수한 마음

'오른손이 하는 일을 왼손이 모르게 하라'는 가르침이 있습니다. 남을 위해 희생한 일에는 그 대가를 바라지 않는다는 것입니다. 내 희생의 결과가 내게 되돌아오는 것은 생각하지 않는 일입니다. 나의 희생정신이 다른 사람에게 도움을 주고 도움받은 사

람은 또 다른 사람에게 희생정신을 실천하게 된다면 우리 사회
는 보다 밝고 따뜻해질 것입니다.

한 개인의 아름다운 희생은 다른 사람들의 생명을 살려주며,
인류를 위해 고생하다 돌아가신 고귀한 희생정신을 비롯하여 우
리의 일상생활에서 실천하는 조그만 희생정신도 우리 사회를 밝
게 빛내주는 씨앗들입니다. 마치 씨앗들이 썩어 자기를 없애면
서, 새싹을 틔어 아름다운 꽃을 피우는 모습과도 같을 것입니다.

 자유롭게 생각해보기

오늘부터 남을 위한 희생정신을 실천할 수 있는 항목을 구체적으로 찾
아보고 어떻게 실천하면 좋을지 이야기해볼까요?

51

마음을 열어주는 열쇠

옛날 중국 초나라에 손숙오孫叔敖라는 사람이 있었습니다. 어느 날 어린 숙오가 밖에서 놀다가 늦게 집에 돌아왔습니다. 저녁을 먹을 시간인데도 통 밥을 먹지 않고 있었습니다. 어머니가 그 까닭을 물었습니다.

"숙오야, 왜 밥을 먹지 않고 있니?"

"예 어머니, 오늘 밖에서 머리가 둘 달린 뱀을 보았어요. 사람들이 머리가 둘 달린 뱀을 본 사람은 며칠 못 가서 죽는다고 해요" 하면서 더 서럽게 울었습니다.

"지금 그 뱀은 어디 있니?"

"예, 다른 사람이 그 뱀을 또 보게 될까 걱정이 되어 땅속에 묻어주었어요."

"얘야, 걱정하지 마라. 남모르게 좋은 일을 하는 사람은 하늘이 복을 주신단다. 너는 결코 죽지 않는다" 하며 위로해주었습니다.

이렇게 항상 남을 위해 주는 배려의 큰마음을 키우면서 자라난 손숙오는 어른이 되었을 때 초나라의 재상이 되었습니다. 그는 항상 마음을 열어 백성들을 대하는 배려의 정치를 잘 펼쳐서 오늘날까지 훌륭한 명재상으로 그 이름이 밝게 빛나고 있습니다.

(출처: 서울시교육연구원, 더불어 사는 지혜)

우리가 사는 세상을 아름답게 만드는 길

우리가 사는 이 세상을 가장 아름답게 하는 것은 무엇일까요?

지난 2011년 3월 11일에 발생한 일본 도호쿠東北의 대지진으로 많은 사람들이 죽고 지진의 공포에 힘들어하였습니다. 또 핵발전소의 폭발 위험으로 최악의 원전 사고가 우려되는 상황이었습니다. 그러나 그곳 사람들은 물, 기름, 음식을 얻는 데에도 질서를 잘 지켜주었고, 방사능오염으로 내가 죽을지도 모른다는 두려움 속에서도 파손된 핵발전소를 복구하기 위해 사고 현장으로 뛰어들었습니다.

많은 일본 기술자, 자원봉사자들의 마음을 열고 배려하는 행동은 진정 남을 위한 살신성인殺身成仁의 자세였습니다. 모두가 어려운 상황에서도 서로를 배려하는 일본인들의 모습에 지구촌이 감동을 하였습니다.

생활 속 배려의 실천

배려란 '도와주거나 보살펴주려고 마음을 쓰는 행동'입니다. 남을 배려하며 사는 사람은 처음에는 손해를 보는 것 같지만 결국에는 이웃과 함께 더불어 행복하게 살게 됩니다. 오늘날 우리가 따뜻한 사회에서 살려면 남을 위한 '배려'를 생활 속에서 실천하도록 노력해야 합니다.

배려는 다른 사람의 마음을 열게 해주는 열쇠입니다.

 자유롭게 생각해보기

우리 주변에서 '배려'의 정신을 잘 실천하고 있는 친구를 찾아보고, 다른 친구들에게 소개해볼까요?

52

마음의 눈으로 장점을 보자

결혼한 지 일 년이 된 어느 날 아내가 남편의 눈을 자세히 보며 물었습니다.

"여보, 당신 눈 한쪽이 이상해요. 혹시 가짜 눈 아니에요?"
"맞아요. 눈 하나가 실명이 돼서 가짜 눈을 해 넣었어요. 그런데 왜 새삼 그런 걸 다 물어요?"
"그럼 당신 결혼 전부터 애꾸눈이었단 말이에요? 왜 결혼 전에 애꾸눈이었다고 말하지 이제야 내가 물으니까 대답해요?"
"내가 결혼 전에 말했잖아요. 당신을 보는 순간 한눈에 반했다고. 한 눈이 애꾸눈이라는 뜻이잖아요?"

이 두 부부는 연애 시절과 결혼 초기에는 너무나 사랑했기 때문에 서로의 결점이 하나도 보이지 않았습니다. 더구나 남편이 애꾸눈인지조차 몰랐던 것입니다. 그런데 결혼하고 일 년이 지나고 보니 남편의 결점이 하나씩 보이기 시작하는 것이었습니다.

다른 사람을 판단하는 마음의 눈

우리는 많은 사람들과 함께 어울리며 살아갑니다. 친구를 비롯한 많은 사람들을 만날 때 흔히 '저 사람은 좋은 사람이야', 또는 '저 사람은 마음에 안 들어' 등의 생각을 가지게 됩니다. 그러나 사람들은 누구나 장·단점을 가지고 있습니다. 단지 우리의 눈이 장점과 단점 중에 어떤 것을 먼저 보느냐에 따라 사람에 대한 평가가 달라집니다. 이는 사람들에게는 다른 사람의 단점과 장점을 찾아내는 '마음의 눈'이 있기 때문입니다.

긍정적으로 상대를 바라보기

친구나 가족이나 주변 사람들을 사랑하는 '마음의 눈'으로 보면 단점은 잘 보이지 않고 장점만 보이게 됩니다. 그러나 '마음의 눈'에 사랑이 부족하면 장점보다 단점이 많이 보이게 마련입니다. 나와 만나게 되는 사람들에게서 장점을 찾으려고 노력하는 사람은 그의 장점이 곧 나의 장점으로 바뀔 것입니다. 이는 남이 가진 장점을 본받으려고 하는 나의 마음이 생겨나기 때문입니다. 그러나 남의 단점을 많이 보는 사람은 그 단점 또한 자기의 것이 되어서 결코 '좋은 사람'으로 인정받기 힘들게 됩니다.

남을 사랑하는 마음

사람들에게서 단점을 많이 찾기보다는 장점을 찾아 칭찬해주는 '마음의 눈'을 키우기 바랍니다. 친구의 단점이 보이거든 한 쪽 눈을 감아봅시다. 그리고 친구의 장점을 보려거든 두 눈을 크 게 뜨고 '마음의 눈'으로 보세요. '마음의 눈'으로 남을 사랑하는 사람은 아름다운 사람입니다.

 자유롭게 생각해보기

나와 친한 친구를 떠올려 보세요. 그리고 그 친구의 장점을 '마음의 눈'
으로 찾으며 서로 본받을 점을 이야기해볼까요?

53

법이 있어 평등과 자유가 있다

다음 질문에 대한 나의 생각을 이야기하여 볼까요?

- 키도 작고 힘도 약한 어린이가 힘센 어른들과 함께 살아갈 수 있는 것은 무엇 때문일까요?
- 시장에서 자유롭게 물건을 팔고 살 수 있는 것은 무엇 때문일까요?
- 우리가 자유롭게 여행하고, 이사도 할 수 있는 것은 무엇 때문일까요?
- 우리가 자유롭게 먹고, 잠자고, 입을 수 있는 것은 무엇 때문일까요?
- 수많은 자동차들이 질서 있게 운행하는 것은 무엇 때문일까요?

이러한 일들이 가능한 이유는 바로 나라에는 법이 있기 때문입니다. 그래서 우리가 안전하고 즐겁게 학교와 가정과 사회에서 자유롭고 평등하고 인간답게 살아갈 수 있는 것입니다.

법은 우리 모두의 약속을 담는 그릇

법은 우리 모두의 공동의 약속을 담아두는 그릇입니다. 그중에서도 헌법은 국가에 관한 모든 근본 규범을 법으로 정하여 두고 있습니다. 우리나라 헌법 제1조는 '대한민국은 민주공화국이다' 입니다. 이렇게 모든 국민은 인간답게 살 수 있고, 행복하게 살 수 있으며, 법 앞에서 모두가 평등하다는 내용이 모두 법으로 정해져 있습니다. 또 모든 국민은 이사를 자유스럽게 할 수 있으며, 직업도 마음대로 선택할 수 있고, 종교도 자유롭게 선택할 수 있는 것도 법으로 정해져 있는 것입니다.

그뿐만 아니라 법에는 사람들이 해서는 안 되는 것, 잘못하면 처벌을 받는다는 사항도 법으로써 정하여 두고 있습니다.

정해진 약속을 어기면 안 된다.
도둑질을 하면 안 된다.
남을 때리면 안 된다.
살인하면 안 된다.
남을 속이면 안 된다.
정해진 규정과 규칙을 어기면 벌 받는다.

우리는 왜 법을 지켜야 할까?

우리의 법에는 이러한 지켜야 할 많은 약속들이 담겨 있고, 이 법들은 우리 모두가 태어나면서부터 잘 지키기로 약속을 한 것입니다.

그렇다면 나라의 법과 규칙을 왜 지켜야 할까요?

이 땅에서 태어난 모든 사람들은 자유롭고 평화스럽게 살아야 합니다. 모두가 자유롭고 평화롭게 살기 위해서는 서로가 약속한 사항을 잘 지켜야 합니다. 이 약속이 잘 지켜지지 않는 사회는 무질서와 폭력과 자유가 없는 곳이 될 것입니다. 마치 정글의 세계처럼 약육강식이 판을 치는 사회가 될 것입니다. 우리 국민 모두가 법과 규칙과 질서를 잘 지킨다는 것은 바로 여러분 자신, 즉 '나 자신을 잘 보호하기 위하여 법을 잘 지켜야 한다'는 이야기입니다.

학교에도 교칙이 있고, 학급에서 선생님과 여러분들이 한 약속도 하나의 작은 법이라고 생각하면 됩니다. 친구와 약속한 일, 복도에서 뛰지 않는 일, 실내에서 큰소리 내지 않는 일, 차례 지키는 일, 쓰레기나 휴지 버리지 않는 일, 욕하거나 싸우지 않는 일, 줄 서고 순서 지키는 일 등은 법을 지키는 행동의 기초가 되는 일입니다.

우리 모두는 법이 있어 자유롭고 평등하게 살 수 있습니다. 내가 지킨 준법 생활은 나 자신의 생활을 자유롭고 평화스럽게 해줄니다. 나아가 다른 사람에게도 똑같은 결과를 얻게 해줍니다. 우리 각자가 법을 잘 지키는 것은 행복한 대한민국의 시작입니다.

 자유롭게 생각해보기

나라의 법을 만들 때는 어떠한 과정을 거쳐야 하는지를 생각해보고, 우리 학급의 법을 과정에 따라 만들어볼까요?

54

우리의 한글, 다시보기

세계에는 약 70억 명이 넘는 사람들이 약 230여 개 나라로 나누어져 살아가고 있습니다. 세계 여러 나라 사람들이 사용하는 언어는 약 3,000여 개의 말을 쓰고 100여 개의 글자를 사용한다고 합니다. 이렇게 자기 나라의 글자를 가지지 못하는 민족은 너무나 많습니다. 그러나 우리나라 사람들은 우리의 말과 글자를 가지고 있다는 점은 아주 큰 자랑입니다.

우리가 매일 사용하는 한글이 처음 만들어졌을 당시에는 '훈민정음訓民正音'이란 이름이었으며, '한글'이란 이름은 주시경 선생님이 1913년에 붙인 이름입니다.

한글은 세계에서 가장 과학적인 글자로 인정받고 있으며 유네스코에서도 세계기록 유산으로 정하여 아주 귀하게 여기고 있습니다. 한자를 쓰고 있는 중국의 학자 리더춘李得春은 한글을 "간단하고도 요령이 있고 정밀하고도 막힘이 없는 글자"라고 평가했으며, 오스트리아 비엔나대 라이너 도르멜R. Dormels 교수도 "한글은 한국 문화 창작품 중 최고의 작품이라고 해도 과언이 아니다"라고 말했습니다. 미국의 세계적인 소설가인 펄벅Pearl Sydenstricker Buck 여사는 한글에 대해서 "세상에서 가장 훌륭하고 가장 단순한 글자이며, 세종대왕은 한국의 레오나르도 다빈치"라고 칭송했습니다. 또한 영국의 역사학자 존 맨John Man은 "한글은 모든 언어가 꿈꾸는 가장 좋은 글자"라고 했습니다. 그리고 영국의 언어학자 샘슨Geoffrey Sampson 교수는 "한글은 인류의 가장 위대한 지적 성취 가운데 하나"라고 인정했습니다. 이렇게 우리 한글의 과학성과 우수성, 그리고 효율성은 세계의 여러 학자들에게 인정을 받고 있는 우수한 발명품인 것입니다.

한글이 우수하다고 평가받는 이유

첫째는 글자를 만든 목적과 만든 사람, 만든 때가 분명한 글자는 세계에서 우리 한글뿐입니다. 지금부터 562년 전에 백성을 위하여 세종대왕과 집현전 학자들이 위대한 창조품을 만든 것입니다.

둘째로 한글은 무엇보다 배우기 쉬운 글자입니다. 훈민정음을 함께 만든 정인지는 "슬기로운 사람은 아침 동안에, 어리석은 사람도 열흘이면 배울 수 있다"고 할 정도로 배우기 쉬운 글자입니다.

셋째는 우리 인체의 발음 기관을 본떠 만든 과학적인 소리글자입니다. 한글은 14개의 자음과 10개의 모음으로 여러 가지 글자를 만들 수 있는데 어떤 연구에 의하면 무려 11,172개의 글자로서 나타내지 못하는 소리가 없습니다. 바람 소리, 닭 소리, 강아지 소리, 물 흐르는 소리, 여러 가지 색깔이나 모양 등 사람들이 사용하는 어떤 말도 글자로 나타낼 수 있는 훌륭한 글자입니다.

넷째, 유비쿼터스ubiquitous라고 불리는 첨단 과학의 시대에 가장 빠르고 간편하게 의사를 주고받을 수 있는 좋은 문자입니다. 우리나라에서 생산되는 휴대전화는 전 세계에서 가장 많이 팔리고 있습니다. 이 휴대 전화로 문자 메시지를 보낼 경우 예를 들어보면 "제 이름은 홍길동 입니다"를 한글로 보내는 데 걸리는 시간은 약 15초 정도 걸립니다. 그러나 "My name is Hong Gil Dong"으로 영어로 보내자면 30초가량, 일어나 한자로 보내면 더 오래 걸립니다.

언어와 글자는 민족의 소중한 문화유산

언어와 글자는 그 민족을 자랑스럽게 해주고 민족을 지켜주는 소중한 문화유산입니다. 우리 민족만이 가지고 있는 소중한 문화유산을 아끼고 잘 가꿀 수 있는 사람은 바로 우리입니다. 자신을 가장 소중하게 생각하는 사람은 우리의 것도 소중하게 생각합니다. 세계에서 가장 우수한 글자 한글을 사랑하고, 바르게 사용하는 것은 아름다운 우리나라 사랑을 실천하는 일입니다.

 자유롭게 생각해보기

속담에 '말보다 글이 무섭다', '펜은 칼보다 강하다'라는 말이 있습니다. 이 말은 어떤 의미의 말인지 생각해보고, 이야기 나눠볼까요?

55

페어플레이Fair Play의 정신

전쟁터에 나간 왕자가 있었습니다. 왕자는 온종일 적들과 힘을 다하여 전쟁을 하였습니다. 그러다가 양측 병사들은 모두 밤이 되면 잠시 싸움을 멈추고 지친 몸을 쉬면서 깊은 잠에 빠져들었습니다. 왕자도 막사에서 곤하게 잠을 자고 있었습니다. 밖에서 경계를 보던 보초가 왕자의 막사로 뛰어들어와서 흔들어 깨웠습니다.

"왕자님, 지금 적들이 모두 잠들었습니다. 지금 공격하면 반드시 승리할 수 있습니다." 하지만 왕자는 이렇게 말했습니다.

"나는 승리를 도둑질하고 싶지 않다. 내일 아침 적들과 정정당당히 맞서 싸워서 승리할 것이다."

다음 날 왕자의 군대는 적들과 정정당당히 싸웠고, 큰 승리를 하였습니다.

이 이야기를 전해들은 왕은 승리하고 돌아오는 왕자를 칭찬하였습니다.

"왕자여! 과연 훌륭하다. 너는 앞으로 이 세계의 왕이 될 것이다."

이 이야기는 지금부터 약 2,300여 년 전, 20살의 젊은 나이에 왕위에 올라 세계에서 가장 큰 영토를 차지했던 알렉산더왕의 왕자 시절의 이야기입니다.

2010년 3월 27일 국제페어플레이위원회IFPC: International Fair Play Committee에서는 터키의 육상 선수인 엘반 아베일레게세2010년 당시 24세와 이탈리아 축구 감독 주세페 필론2010년 당시 54세을 2010년 국제페어플레이상 수상자로 선정했습니다.

2009년 8월 독일의 베를린에서 세계육상선수권대회 여자 10,000m 경기가 진행되고 있었습니다. 그런데 경기를 앞두고 에티오피아의 멜카무 선수가 스파이크를 호텔에다 두고 와서 어찌할 줄 몰라 하고 있었습니다.

터키 선수 엘반은 자신의 스파이크를 빌려주었습니다 그 결과 멜카무 선수는 은메달을 딸 수 있었습니다. 그러나 스파이크를 빌려 준 엘반은 경기를 완주하지 못하면서도 페어플레이 정신을 발휘하여 칭찬을 받았습니다.

또 이탈리아 축구팀 필론 감독은 축구 경기에서 자기 팀이 논

란이 있는 골을 넣었습니다. 그러자 자기 선수들에게 상대 팀에게 도로 한 골을 내주도록 지시를 하였으며 선수들도 이에 따랐습니다. 깨끗하지 못한 골을 넣어 이기기보다는 정정당당하게 축구 실력을 겨루고자 했던 펠론 감독의 페어플레이 정신을 칭찬하는 것입니다.

정정당당한 승부

페어플레이Fair Play라는 말은 '**정정당당한 승부**'라는 의미를 담고 있습니다. 힘과 기를 겨루는 입장에서 정해진 규칙을 어기지 않고 정정당당하게 승부를 겨루는 것을 말합니다. 이 단어는 운동 경기뿐 아니라 어디에서나 사용되고 있는 말입니다. 페어플레이 하지 않는 행동을 우리는 '비겁하다'라고 이야기합니다.

비겁한 행동을 일삼는 사람들은 대개 처음에는 '하면 안 돼'라는 마음을 가지고 있으면서도 눈앞의 이익 때문에 '뭐 어때!', '비겁하더라도 이번 한 번만 잘 넘어가면 돼'라고 하면서 정당하지 않게 행동을 하게 됩니다. 그렇게 몇 번이고 반복하다가 보면 익숙해져서 점점 아무것도 아닌 것처럼 여겨지게 되고 잘못된 행동을 반복하게 된다고 합니다.

가끔은 나의 행동이 페어플레이인지 비겁한 행동인지 판단하지 못할 경우도 있습니다. 그러나 이는 시간이 흐르면 자연히 밝혀지게 되는 경우가 많습니다.

생명이 죽고 사는 전쟁터에서도 "나는 승리를 도둑질하고 싶지 않다"는 페어플레이 정신을 발휘한 알렉산더처럼 어떤 경쟁에서도 진정한 페어플레이를 할 줄 아는 사람이 큰 지도자가 될 수 있습니다.

페어플레이 정신은 우리의 마음을 아름답게 해줍니다.

 자유롭게 생각해보기

'비겁한 방법으로 경쟁에서 이기는 것은 시험시간에 답안지를 보고 답을 쓰는 것과 같다'에 대한 나의 생각을 이야기해볼까요?

협동의 대가는 기쁨

어떤 사람이 아주 추운 지방의 여행길에서 두 사람의 여행객을 만났습니다. 그중 한 사람은 추위에 몸이 얼어서 잘 걷지를 못했으나 다른 한 사람은 아주 건강해 보였습니다. 그는 건강한 사람에게 말했습니다.

"우리 잘 걷지 못하고 있는 저분을 도와서 함께 갑시다."

그러나 건강한 사람은 "저는 싫습니다. 그 사람 데리고 가다가는 우리 모두 다 얼어 죽을 것입니다." 하고는 혼자 길을 떠나버렸습니다.

그는 하는 수 없이 몸이 언 사람을 업고 길을 떠났습니다. 언덕을 한참 올라가다 보니 땀이 나고 온몸이 더워졌습니다. 등에 업힌 사람도 그의 따뜻한 몸에 녹아서 점차 기운을 회복하게 되었습니다. 한참을 걷다 보니 길가의 눈 속에 쓰러져 죽은 사람을 보게 되었습니다. 자세히 보니 그는 바로 몇 시간 전에 혼자 살 겠다고 가버렸던 사람이었습니다.

여행은 계속되었고 얼마 더 가다가 그도 그만 지쳐서 쓰러졌 습니다. 이번에는 그의 등에 업혔던 사람이 그를 업었습니다. 마 침내 두 사람 모두 목적지에 무사히 도착할 수 있었습니다.

서로 도우며 함께 사는 세상

공생共生이란 '서로 도우며 함께 사는 것, 같은 곳에서 서로 도움을 주고받으며 함께 사는 것'의 의미입니다.

악어와 악어새는 서로 도우며 공생을 합니다. 악어새는 악어의 이빨에 낀 먹이를 먹고, 악어는 입속을 깨끗이 청소를 할 수 있 어서 서로에게 좋은 존재입니다. 또 꿀벌은 이 꽃 저 꽃을 날아 다니면서 꽃가루를 옮겨 수정을 시켜주고 꿀을 얻고 있습니다. 타조는 시력이 대단히 좋아서 멀리서 공격해오는 맹수들을 재빨 리 발견할 수 있습니다. 그런가 하면 얼룩말은 냄새를 잘 맡고 작은 소리를 잘 들을 수 있습니다. 그래서 타조와 얼룩말은 서로 의 장점을 살려서 서로서로 도와가면서 맹수의 습격을 피해 가 며 잘 살아가고 있습니다.

백지장도 맞들면 낫다

우리 속담에 '백지장도 맞들면 낫다'는 말이 있습니다. 아무리 어려운 일을 당하더라도 남과 협동하게 되면 어려움도 줄어들고 해결도 잘 될 수 있습니다. 사람은 혼자가 아니라 이웃과 더불어 살 때 기쁨도 배가 되어 돌아올 것입니다. 서로 도와주는 협동의 지혜를 키워나가야 합니다.

서로 도움을 주고받으며 살아가는 사회생활의 원리

'사회생활을 하는 사람들은 서로 도와주고 함께 어울려 살아야 한다'는 기본원리는 결코 변할 수 없는 가치입니다. 사람들과 어울려 공생의 생활을 하는 사람들은 결코 외롭지 않습니다. 협동하는 삶이 아름다운 세상을 만듭니다.

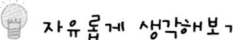 자유롭게 생각해보기

남과 어울려 협동하여 일을 해결한 후 그 느낌을 이야기해볼까요? 또 다른 사람을 도와준 경험이나 도움을 받은 일도 소개해보세요.

형님 먼저! 아우 먼저!

어느 가을날, 형제가 논두렁에 앉아서 이야기를 나누고 있었습니다.

"형님, 올해도 농사가 참 잘 되었네요. 형님이 더 부지런해서 그런가 봐요."

"허, 뭔 소리여, 네가 더 꼼꼼하게 농사를 잘 지은 덕분이지."

형제는 들판을 기쁘게 바라보았습니다. 따가운 가을 햇볕에 베어 놓은 벼가 잘 말랐습니다. 형과 아우는 볏단을 쌓기 시작했습니다. 형과 아우의 낟가리 높이가 똑같았습니다.

그날 밤, 아우는 생각했습니다.

"형님댁이 식구가 더 많아. 벼가 더 많이 필요해!" 밤중에 일어나 형님의 낟가리에 볏단을 옮겨놓았습니다.

한편 형님은 새살림을 차린 아우가 걱정이 되었습니다.

"새살림을 차린 동생이 벼가 더 필요할 거야." 형님은 아우네 낟가리에 볏단을 옮겨놓았습니다.

다음 날, 두 형제는 높이가 똑같은 자신들의 낟가리를 확인하고는 깜짝 놀랐습니다.

이튿날 밤이었습니다. 두 형제는 다시 볏단을 옮겨놓기 위해 논으로 나왔습니다. 두 형제는 볏단을 손에 든 채로 논 가운데에서 마주쳤습니다.

"형님!", "아우님!" 달님이 환하게 웃고 있었습니다.

예산 이성만 형제 효제비

옛날 조선 시대 초에 살았던 이성만, 이순형 형제의 '양보하는 사랑의 형제 이야기'입니다. 오늘날 충청남도 예산군 대흥면 상중리에 이 '의좋은 형제'를 기념하는 공원이 있으며 이 형제의 '효제비'는 유형문화재로 보호되고 있습니다.

여러분들은 '퐁퐁 놀이'를 해본 경험이 있지요? 높이 뛰어오르기 위해서는 스프링을 잠시 눌렀다가 놓으면 더 높이 뛰어오르게 되지요. 또 개구리가 뛸 때에는 마치 스프링을 눌렀다가 놓은 것처럼 자기 몸을 한껏 움츠렸다가 다시 높고 멀리 뛰어오릅니다. 그러나 고무줄은 앞으로만 나아가려고 튕겨 나가다가 다시 되돌아옵니다.

개구리와 스프링같이 한 걸음 뒤로 물러서 본 일이 있나요? 또는 고무줄과 같이 앞으로만 나가려고 하지는 않았나요? 여러분들 생활 속에서 '고무줄'과 같은 행동은 없었는지 되돌아보기 바랍니다.

친구와 이야기할 때에도 자기 고집만 끝까지 내세우는 행동
좋은 물건이 있을 때 자기가 먼저 가지려고 하는 행동
좋은 자리를 내가 먼저 차지하려는 행동
화장실, 수돗가에서 먼저 차지하려고 서두르는 행동
공놀이를 할 때 나만 공을 독차지하려는 행동

다른 사람의 의견을 존중해주는 자세

양보讓步라는 말은 **'길이나 자리, 물건 따위를 사양하여 남에게 미루어 주는 행동'**입니다. 자기의 주장을 굽히거나 다른 사람의 의견을 들어주는 것을 의미합니다. 양보하는 행동은 처음에는 밑지는 것 같고, 지는 것 같고, 손해 보는 것 같지만 시간이 지나면 몇 배 더 좋은 일로 되돌아옵니다.

그러나 양보를 하지 않는 사람들을 살펴보면 처음에는 마치 자기가 모두를 이기는 것 같아도 오랜 시간이 지나 보면 좋은 결과만 얻는 것이 아닙니다. 누가 양보심 없는 친구나 언니를 좋아하겠습니까? 이런 사람에게는 친구가 자연히 멀어지게 됩니다.

'형님 먼저! 아우 먼저!'처럼 양보하는 사람은 아름다운 사람입니다.

 자유롭게 생각해보기

다음 글을 읽고 생각을 나눠볼까요?

양보하는 사람에게는 친구가 따릅니다.
양보하는 마음을 베풀면 우정이 샘솟아납니다.
양보는 1보 후퇴, 2보 전진의 행동입니다.
양보하는 행동은 그대로가 아름다움입니다.

제4장

따뜻한 미래

58

1센트의 소중함

1998년 타임TIME지는 '20세기 가장 영향력 있는 인물 100인'으로 **샘 월튼**Sam Walton을 선정하였습니다. 그는 세계에서 가장 큰 유통 기업인 월마트Walmart를 설립한 미국의 기업가입니다. 그의 재산은 20조 원도 넘는 큰 부자입니다. 그러나 그는 단돈 '**1센트의 소중함**'을 아는 검소한 생활을 평생 실천한 사람이었습니다.

평소에 아주 검소하기로 소문난 샘 월튼에게 기자들이 재미있는 시험을 해보기로 하였습니다. 그가 걸어가는 길에 1센트짜리 동전을 던져놓고 어떻게 하는지 살펴보기로 한 것입니다.

기자들이 모인 곳으로 걸어오던 월튼은 자기 앞에 1센트짜리 동전이 떨어져 있는 것을 발견하고는 허리를 굽혀 동전을 주웠습니다. 모두 놀랐습니다. 취재가 시작되자 한 기자가 물었습니다.

"샘 월튼 씨, 미안합니다. 조금 전 우리는 1센트짜리 동전을 당신이 오는 길목에 던져놓았습니다. 부자인 당신이 그 동전을 주은 것은 매우 놀랍습니다."

월튼은 기자에게 정중히 말하였습니다.

"나는 어린 시절부터 무엇이든 아끼는 생활에 익숙해 있습니다. 우리나라 미국이 경제적으로 가장 어려웠던 시기에도 나는 검소한 생활로 이겨냈습니다. 비록 1센트짜리 동전이지만 하찮게 다루어서야 되겠습니까?"

검소와 절약의 실천

월튼은 네 명의 자녀들에게 검소와 절약하는 방법을 행동으로 가르쳤습니다. 자녀들이 학교 수업이 끝나면 가게에서 열심히 일하게 했고, 신문 배달을 시키기도 하였습니다. 그는 항상 허름하지만 편안한 옷차림으로 다녔으며, 좋은 차를 살 돈도 있었지만 털털거리는 작은 트럭을 타고 다니면서 필요한 물건을 직접 사러 다니기도 하였습니다.

월튼은 평소에 자신의 자녀와 손자들에게 '1센트의 소중함'을 생활 속에서 이렇게 가르쳤습니다.

"너희들이 사람들에게 '**게으른 부자**'라는 소리를 들으면 절대로 용서하지 않겠다."

검소한 생활은 물건을 소중히 다루는 것에서 출발

검소儉素한 생활은 '**사치하지 않고 수수하게 생활하는 것**'을 의미합니다. 또 **절약**節約이라는 말은 '**꼭 써야 할 때만 쓰도록 아낌**'을 의미합니다. 아무리 하찮은 물건이라도 아껴 쓰고 꼭 생활에 필요한 물건만 구입하여 소중하게 다루는 태도입니다.

사람들은 누구나 더 좋은 것을 가지고 싶어 합니다. 남보다 더 좋은 것을 먹고 싶고, 더 좋은 옷을 입고 싶고, 좋은 것을 가지고 싶은 마음을 모두가 가지고 있습니다. 그러나 이러한 마음을 억제하고 자제하며 분수를 지키는 일이 검소하고 절약하는 생활입니다.

한정되어 있는 자원

오늘날 지구 상에 있는 세계의 자원은 한정되어 있습니다. 우리가 생활에서 사용하는 많은 물건들이 지금은 풍요롭고 많은 것 같지만 검소하고 절약하지 못하는 생활을 하다 보면 멀지 않아서 자원이 부족한 때가 와서 아주 불편하고 불행한 시기가 올 것입니다. 특히 우리나라와 같이 자원이 풍부하지 못한 나라에서는 검소하고 절약하는 생활 정신이 꼭 필요합니다.

검소한 생활이 우리가 할 수 있는 미래의 준비

우리가 평소에 사용하는 학용품을 비롯하여 먹고, 입고, 쓰는 데 사용하는 모든 것들을 어떻게 이용하고 있는지 되돌아보기 바랍니다. 식탁 위의 음식, 한 장의 종이, 한 벌의 옷과 신발, 한 개의 지우개나 연필, 한 방울의 물, 불이 켜진 전등 등이 어떻게 만들어지고 어떻게 쓰이고 있는지 살펴보아야 하겠습니다.

   물건을 아끼고 절약하는 생활은 미래를 따뜻하게 만드는 중요한 덕목입니다.

 자유롭게 생각해보기

   평소에 검소하고 절약하는 생활에 대한 나의 생활 태도를 되돌아보고 의·식·주생활, 학용품 사용 습관에서 나의 좋은 습관이나, 고쳐야 할 습관에는 어떤 것이 있는지도 이야기 나눠볼까요?

   오늘날 세계에서 한정되어 있는 자원에는 어떤 것이 있으며, 어떻게 이용하면 좋을지에 대한 나의 생각을 이야기해보세요.

59

Save Earth, Save Us

에코맘Eco-Mom이란 말을 들어보았나요?

에코맘은 환경을 지키는 일을 집에서부터 실천하는 이들을 가리킵니다. 집 안에서부터 가족들의 건강과 아름다운 자연을 동시에 지키기 위해 친환경 생활을 실천하여서 보람과 즐거움을 찾고 있는 사람들입니다.

서울 화곡동에 사는 주부 이민수 씨의 집에서는 이 씨와 그의 아들과 딸들이 모여 앉아 큰 그릇에 쌀뜨물과 설탕, 유용미생물EM: Effective Microorganism을 섞고 있습니다.

집안의 빨래·설거지·바닥 청소·악취 제거를 위하여 화학세제 대신에 사용할 천연세제를 만드는 중입니다. 어머니 이씨는 "밥을 할 때 쌀뜨물을 버리지 않고 모아뒀다가 발효 미생물제를 섞어둡니다. 이 혼합 액체를 밀폐된 용기에 일주일 정도 넣어두면 오염이 전혀 없는 만능 세제가 만들어집니다"라고 말했습니다.

또 아들은 "처음에는 막걸리 같은 이상한 냄새가 나서 싫었지만, 한 달에 한두 번씩 해보니 꼭 과학실험을 하는 것 같고 환경도 보호할 수 있어 신이 났습니다"라고 말했습니다. 또 이 집 냉장고에는 콜라·사이다 같은 청량음료 대신 현미로 만든 식혜가 들어 있습니다. 성진이가 손에 들고 있던 사과도 껍질째 먹는 유기농 제품이었습니다. 이 가족은 7년 전부터 '에코' 가족이 되었습니다. 어머니는 "성진이가 태어날 때부터 아토피가 심했으나 많이 나았으며, 이제는 환경도 보호하고 가족의 건강도 챙길 수 있어 너무 좋아요"라고 말했습니다.

지금 우리 지구는 온난화의 영향으로 북극과 남극의 얼음이 계속 녹아내리고 있습니다. 또 겨울에는 폭설이 내리고 여름에는 너무 더워지는 기상이변이 갈수록 심해지고 있습니다. 지구가족 모두가 지구를 살리기 위해 우리가 생활 속에서 실천할 수 있는 지혜를 찾아 실천으로 옮겨야 할 때입니다.

먼저, 전등 플러그 1개를 끄면 전기 제품 10개가 꺼집니다.

맞벌이를 하는 오빛나29·여·인천 강화군 불은면 씨는 지난해부터 '에너지 가계부'를 적고 있습니다. 가족들이 평소 에너지를 얼마나 쓰는지 궁금했기 때문입니다. 가계부를 쓰면서 자연스럽게 에너지 절약 방법을 터득하게 됐습니다. 오씨는 우선 TV와 세탁기,

오디오 등 가전제품은 사용 직후에 플러그를 뽑아두었습니다. 전원을 꺼도 플러그를 통해 소모되는 대기待機 전력이 가정 소비 전력의 11%나 된다고 하니 플러그만 뽑아도 1년에 한 달은 공짜로 전기를 사용할 수 있는 셈입니다. 전등을 끄고 플러그를 뽑는 행동은 'Save Earth, Save Us'의 실천입니다.

다음에는 적정한 실내 온도를 유지합니다.

유럽과 일본의 가정에서는 겨울철에도 20도 수준을 유지하는데, 한국에서는 25도도 춥다며 실내 온도를 지나치게 높게 올리는 경우가 많습니다. 우리나라 에너지시민연대에서 지난해 12월 수도권 공공장소의 실내 온도를 조사하였습니다. 그 결과 관공서, 대형마트, 백화점, 은행, 패스트푸드점, 영화관 등 262곳 중 겨울철 실내 적정 온도인 18~20도를 지킨 곳은 65곳24.8%에 그쳤고, 나머지는 실내 온도가 적정 온도보다 더 높았다고 합니다. 불필요한 실내등은 끄고 실내 온도를 낮추어 생활하는 습관도 'Save Earth, Save Us'의 실천입니다.

한국청소년연합회에서 지구를 살리기 위해 우리 생활에서 실천할 수 있는 [녹색 생활 10계명]을 정하여 함께 실천할 것을 권하고 있습니다.

1. 온도 1도의 마법 – 내복 입고, 넥타이 풀기
2. 몰래 새는 전기 꽉 잡는 법 – 플러그 빼기
3. 지구와 나의 건강 – 가까운 거리는 걷거나 자전거 타기
4. 에너지 효율 높이기 – 백열등을 절약형 형광 전구로 바꾸기
5. 저탄소 친환경제품 선택 – 1회용품 줄이고, 리필제품 사용하기
6. 맑은 산소를 마시는 녹색 가정 – 집 안에 녹색식물 가득하게
7. 물 한 방울도 절약 – 샤워는 짧게, 인생은 길게
8. 진짜 큰 차 사랑 – 대중교통 이용하기
9. 온난화 킬링필드 – 비닐봉지 줄이기
10. 로컬 푸드 – 지역 농산물 애용하기

지구환경의 보호는 '에코맘'처럼 우리 생활에서 행동으로 실천하여야만 지구도 살고(Save Earth) 우리도 함께 살 수(Save Us) 있습니다.

 자유롭게 생각해보기

　　그 밖에 에너지 절약을 실천할 수 있는 여러 가지 방법에 대하여 생각해보고, 여러분의 생각을 이야기해볼까요?

60

성공한 사람의 달력에는 '오늘'이 적혀 있다

한 떼의 철새들이 따뜻한 남쪽 나라로 날아가다가 옥수수밭에 내려앉아 마음껏 먹고 있었습니다. 다음 날 아침이 되자 철새들은 남쪽을 향해 다시 날아올랐습니다. 하지만 그중 한 마리는 옥수수밭을 떠나지 않았습니다.

"아직 날씨도 그리 춥지 않아. 그리고 여기에는 배불리 먹을 수 있는 옥수수가 많이 있잖아. 더 있으면서 옥수수를 다 먹고 가야지!"

다음 날 아침에도 다시 "하루만 더 쉬었다가 가야지" 하고는 떠나지 않았습니다. 그리고 그다음 날에도 또 다음 날로 미루었습니다.

그러다가 갑자기 날씨가 추워졌습니다.

이제는 너무 추워서 더 이상 머무르다가는 얼어 죽을 것 같았습니다.

"이제는 남쪽으로 가야지!"

마침내 철새는 날개를 쭉 펴고 있는 힘을 다해 하늘로 날아올랐습니다. 그러나 그동안 잘 먹고 쉬기만 했기 때문에 너무 살이 쪄서 쉽게 날아오를 수가 없었습니다.

벤저민 프랭클린B.Franklin은 "오늘 할 일을 내일로 미루지 마라 Never leave that until tomorrow which you can do today"고 하였습니다.

오늘의 일을 내일로 미루지 마라

성공하는 사람들은 대개 '오늘의 일을 내일로 미루지 마라'는 지혜를 생활 속에서 잘 실천한 사람들이었습니다.

우리나라의 훌륭한 천문학자였던 조경철 박사는 젊은 시절에 미국에서 박사과정을 마치고 귀국할 때 한 가지 결심을 하였습니다.

'나는 앞으로 무슨 일이 있더라도 하루에 원고지 10매를 쓰겠다.'

그는 이 결심을 40년 넘게 매일매일 실천하였습니다. 그의 오늘 일을 내일로 미루지 않는 습관이 후일에 180권의 책을 쓸 수 있는 바탕이 되었으며 천문학자로서 훌륭한 업적을 남길 수가 있었습니다.

준비는 오늘부터 즉시 실천하는 일에서 시작

준비準備란 '미리 마련하여 갖춘다'는 뜻입니다. 우리는 무엇을 어떻게 준비하여야 할까요? 그 첫째는 목표를 세우고 '오늘'부터 즉시 실천하는 일입니다. 성공한 사람의 달력에는 '오늘'이라는 단어가 적혀 있으나 실패한 사람의 달력에는 '내일부터'라는 단어가 적혀 있다고 합니다.

 자유롭게 생각해보기

오늘 해야 할 일을 내일로 미루다가 손해 보거나 낭패를 당한 경험을 이야기해볼까요?
그리고 오늘부터 꼭 실천할 수 있는 목표를 세우고 그 결과도 기록해보세요.

61

꿀벌과 개미의 성공 열쇠는?

미국의 투자전문지인 '머니'에서 미국의 백만장자들에게 물었습니다. 그 결과 '백만장자의 부모가 부자였다'는 대답은 14%였습니다. 또 100만 달러를 모을 수 있었던 원인은 '부모'가 아니라 '근면(Hard Work)'이었다고 95%의 백만장자들이 답하였습니다.

꿀벌과 개미는 우리 몸에 비하면 아주 작은 동물입니다. 이 작은 개미와 꿀벌들이 먹이를 구하는 장면을 자세하게 관찰해본 일이 있습니까?

개미는 먹이를 운반할 때 자신의 몸무게의 몇 배나 되는 것을 나릅니다. 무더운 여름에도 먹이를 찾아서 자신의 집으로 옮겨놓으며 추운 겨울을 준비하지요. 땅 위에서 기어 다니는 작은 개미는 자세하게 보지 않으면 잘 보이지도 않지만 그들만의 부지런한 방법으로 열심히 미래를 준비합니다.

꿀벌 역시 여름 내내 이 꽃 저 꽃을 부지런히 옮겨 다니며 열심히 꿀을 모아놓고 추운 겨울을 잘 지냅니다.

근면勤勉이란 '**부지런히 일하며 힘씀**'을 의미합니다. 우리는 얼마나 근면한지 자기의 모습을 한번 되돌아봅시다.

학급에서 청소를 합니다. 이때 부지런히 청소를 하는 친구가 있는가 하면 그렇지 않은 친구도 있습니다. 남이 본다고 느껴질 때에는 열심히 청소를 하는 척하지만 보는 사람이 없다고 느껴지면 열심히 청소를 하지 않는 친구도 있습니다. 또 부모님이 볼 때는 공부를 하는 척하다가 보지 않는 시간에는 오락에 빠지거나 놀아버리는 어린이도 있습니다. 또 책을 읽거나 공부할 때나 심지어 놀이를 할 때에도 소극적이고 부지런하지 않은 사람들이 있습니다.

부지런한 천재는 있어도 게으른 천재는 없다

독일 사람들에게 존경받고 있는 '비스마르크'는 청년들에게 일렀습니다.

"청년들아 일하라! 더욱 끝까지 일하라!"

사람들은 각자의 위치에서 많은 새로운 일들을 계획하고 있습니다. 공부하고 싶은 것들도 많고, 익히고 싶은 일들도 많습니다.

이 모든 계획을 성공하기 위해서는 '개미'나 '꿀벌'같이 성실하게 일하지 않으면 결코 이룰 수가 없습니다. 부지런한 천재는 있어도 게으른 천재는 없습니다. 낙숫물이 바위를 뚫듯이 열 번이고 백 번이고 익히고 익히면 어떤 어려운 일이든지 잘할 수가 있습니다. 한두 번 해보고 포기하지 않는 사람이 미래에 성공할 수가 있습니다.

'열심'과 '부지런함'이 따뜻한 미래를 만드는 성공의 열쇠입니다.

 자유롭게 생각해보기

A: IQ 180의 좋은 두뇌를 가지고 태어났다.
　　무척 게으르다. 그 좋은 두뇌로 엄청나게 성공하였다.
B: IQ 보통. 매우 부지런하다.
　　열심히 노력하여 엄청나게 성공하였다.
　　위의 A, B 두 사람 중 어떤 사람이 더 가치 있는 삶이라고 생각하나요?

62

꿈을 그리는 사람은 그 꿈을 닮아간다

나이가 들어 추장 자리를 아들에게 물려주려는 인디언 추장이 있었습니다. 그는 세 아들을 데리고 사냥을 갔습니다. 그들의 눈앞에 있는 큰 나무 가지에 큰 독수리 한 마리가 앉아있었습니다.

먼저 맏아들에게 물었습니다.

"아들아, 저 앞에 무엇이 보이느냐?"

"네, 하늘이 보이고 나무가 보입니다." 추장은 실망하였습니다.

둘째 아들에게 물었습니다.

"저 앞에 무엇이 보이느냐?"

"네, 나무가 보이고 나뭇가지에 앉아있는 독수리가 보입니다."

추장은 역시 실망한 빛으로 막내아들에게 물었습니다.

"너는 저 앞에 무엇이 보이느냐?"

막내아들이 대답하였습니다.

"네, 나무에 독수리가 보이는데 두 날개가 있고 그 날개 가운

데에는 독수리의 가슴이 보입니다."

추장은 기쁨에 가득 찬 목소리로 외쳤습니다.

"지금 그곳을 쏴라."

막내아들의 화살은 독수리의 가슴을 명중시켰습니다.

추장은 막내아들에게 추장 자리를 물려주었습니다.

(출처: http//ksc12545.blog.me/150042234986)

인디언의 전래동화였습니다.

인디언 추장의 막내아들은 독수리를 잡아야 한다는 목표를 분명히 알고 있었습니다. 또 어떻게 해야 목표를 이룰 수 있다는 것도 알고 있었습니다. 그리고 평상시에 활을 쏘는 연습을 한시도 게으르게 하지 않았습니다. 그가 꿈꾸는 목표를 이루기 위해 열심히 노력하여 실력을 쌓아왔으며 인디언 부족을 이끄는 최고의 지도자가 될 수 있었습니다.

목표를 이루기 위해 노력한 반기문 UN사무총장

'멋진 외교관이 되겠다'는 목표를 다지고 또 다지기 44년, 마침내 세계 최고의 외교관의 자리인 UN사무총장의 자리를 명중시킨 반기문은 우리나라 사람들의 자랑입니다.

그는 '나는 장차 최고의 외교관이 되겠다'는 미래 목표를 확실하게 정하였으며 그 목표를 이루기 위한 온갖 노력을 게을리하지 않았기 때문에 '지구촌의 재

상'의 자리에 오를 수 있었습니다.

그는 평소에 '적敵이 없는 사람', '주어진 일을 열심히 하는 사람', '자신을 잘 드러내지 않으면서도 목표를 이루기 위해 끈질긴 노력을 하는 사람'으로 기억되고 있으며 자기 자신은 물론 우리 대한민국을 자랑스럽게 만들어주고 있습니다.

오랫동안 꿈을 그리는 사람은 마침내 그 꿈을 닮아간다

'꿈'은 장차 '이루고 싶은 희망이나 이상'을 말합니다.

여러분들의 꿈은 무엇입니까?

여러분에게는 대통령, 유엔사무총장, 우주인, 과학자, 판사, 의사, 장군, 선생님, 노벨상 수상자, 음악가, 미술가, 체육인 등등 미래를 향하고 세계를 향한 큰 꿈들이 많을 것입니다.

프랑스의 유명한 소설가였던 앙드레 말로는 "오랫동안 꿈을 그리는 사람은 마침내 그 꿈을 닮아간다"고 말했습니다. 지금 학생 시절에 가장 먼저 해야 할 일은 먼저 자신이 이루고 싶은 목표(꿈)를 정하고 다음은 이를 이루기 위해 성실하게 공부하는 일입니다. 학생 시절에 세운 꿈은 여러분들의 미래입니다.

 자유롭게 생각해보기

반기문 UN사무총장이 되기까지 어떤 점에 노력하였는지 알아볼까요?
그리고 나의 목표(꿈)는 무엇이며 이를 이루기 위한 나의 실천 방법을 구체적으로 생각해보고 다짐해봅시다.

63

볏단을 짊어진 농부의 꿈

하루 일을 끝마친 한 농부가 소달구지를 끌고 집으로 가고 있었습니다. 한 손에는 소고삐를 쥐고 머리에는 볏단을 이고 천천히 걸어가고 있었습니다.

이 모습을 본 한 외국인이 농부에게 다가가서 물었습니다.

"소달구지에 볏단도 싣고 자기도 올라타고 가면 될 터인데 왜 볏단을 이고 걸어가십니까?" 그 물음에 농부는 오히려 의아하다는 듯 되물었습니다.

"이보시오. 내가 볏단을 이고 가는 것이 무거워 보이시오? 그럼 이 소에게도 이 볏단은 무거울 것 아니요. 오늘 우리 소는 하루 종일 밭을 갈았소. 그러니 집에 갈 때라도 좀 쉬게 해줘야 하지 않겠소?"

소설 '**대지**'를 써서 노벨 문학상을 수상한 **펄벅** 여사가 1960년 한국을 방문하였을 때의 이야기였습니다.

펄벅은 한국의 농촌을 여행할 때 '무거운 짐을 지게에 지고 소의 뒤를 따라가는' 농부의 모습을 보고 "한국은 산천만 아름다운 것이 아니라, 사람들의 마음씨도 곱다"고 칭찬하면서 **"한국은 고상한 사람들이 사는 보석 같은 나라"**라고 이야기하고 한국의 모습을 그의 작품에 많이 담았습니다.

우리가 사는 지구의 나이는 얼마일까요? 학자들은 46억 살쯤으로 추정합니다. 이 46억 년을 단 1년으로 압축해서 생각해보면, 겨우 4시간 전에 이 지구에 인류가 나타났고, 콜럼버스가 아메리카 대륙에 간 것은 약 4초 전이며, 인간이 달에 발을 처음 디딘 것은 약 0.1초 전에 일어난 일라고 합니다. 이렇게 보면 지구의 나이에 비해 인류역사가 얼마나 짧은 것인가를 짐작할 수 있습니다.

이렇게 오랜 세월 동안 건강을 유지하였던 지구에 지금은 여러 가지 경고의 소리가 들립니다.
"지구가 아파요!"
"바닷물이 높아져 섬들이 사라지고 있어요."
"코알라가 없어진대요."
"숲 속에서 눈이 부시도록 아름다운 황금두꺼비가 멸종되었대요."

"일벌들이 사라지고 있어요."

"북극과 남극의 빙산이 녹고, 펭귄이 죽어간대요."

"사람들이 원인 모르는 질병으로 고생한대요."

지구의 위기, 환경 파괴

오늘날 전문가들의 예측은 지금처럼 환경 파괴가 계속된다면 10년 이내로 동식물 2%가량이 멸종할 것이라고 합니다. 왜 이런 일들이 일어나고 있을까요? 이는 사람들이 모두 편리하고, 풍요롭게만 살려는 욕심의 결과로 하나뿐인 지구가 아파한다고 진단합니다.

사람들은 세계의 자연 경치를 여행이나 TV를 통해 볼 때 아름답게 잘 보존되어 있는 경치를 보며 참 즐거워합니다. 오늘날 세계에 자랑할 만큼 자연 경관을 잘 보존하고 있는 나라들도 많이 있습니다. 그것은 그 나라 국민들이 아름다운 자연을 가꾸기 위하여 많은 노력을 해왔기 때문입니다.

우리나라도 옛날부터 금수강산錦繡江山: 비단에 수를 놓은 것처럼 아름다운 산천이라고 칭찬을 할 만큼 산천이 아름답고 인심이 좋은 나라로 알려져 있습니다. 이렇게 아름다운 우리의 금수강산이지만 우리가 이를 잘 가꾸고 보호하지 않으면 금방 황폐해지고 생명들이 함께 살아가지 못하는 환경으로 바뀌게 될 것입니다.

우리는 사람과 동물이 건강한 자연에서 함께 살아가는 지구를 꿈꿉니다. '사람과 동물과 자연이 함께 살아가는 지구'는 펄벅이 말한 '소를 따라가는 농부의 꿈'을 실천할 때 이루어질 수 있는 일입니다. 사람이 동물을 사랑하고 또 자연을 아프지 않도록 건강하게 가꾸는 일은 따뜻한 미래를 열어가는 지구가족의 꿈입니다.

 자유롭게 생각해보기

　아름다운 지구를 만드는 일을 위해 내가 생활하는 곳에서 실천할 수 있는 일을 찾아볼까요?
　그리고 범세계적인 지구 보전운동으로 반드시 실천해야 할 인류의 과제는 무엇인지도 조사하여 발표해볼까요?

64

비행기가 옷을 벗었다?

비행기가 옷을 벗었다? 날씨가 더워서일까요? 아닙니다. 기름 값이 비싸서 비행기의 무게를 줄였다는 이야기입니다.

홍콩의 K 항공사는 항공기가 잘 날아다닐 수 있도록 조금이라도 가볍게 하는 모든 노력을 다하였습니다. 먼저 비행기 몸체에 칠해 놓은 도색용 페인트를 모두 벗겨 냈습니다. 비행기에는 회사를 나타내는 이름과 로고만 남겨두고 비행기 무게를 줄였습니다. 또 비행기 안에서 승객들이 쓰는 담요, 베게, 잡지 등 모든 물건들의 무게를 줄여서 기름을 절약하고자 노력하였습니다. 그 결과 비행기의 무게를 무려 200kg이나 줄일 수가 있었으며 1년간 1억 8,000만 원의 큰돈을 절약할 수가 있었다고 합니다.

잘사는 대한민국, 절약과 저축으로

지금 우리나라는 1인당 국민 소득이 2만 달러를 훨씬 넘어서는 등 경제적으로 어느 정도 잘 살고 있습니다. 이것은 30여 년 전부터 '우리도 한번 잘 살아보자'고 모든 국민들이 허리띠를 졸라매고 열심히 일하고, 절약 저축한 결과라 할 수 있습니다.

그러나 요즈음 우리나라 경제는 비싼 기름값과 국민들의 검소하고 절약하는 습관이 부족한 탓으로 인해 여러 가지 분야에서 어려움을 겪고 있습니다. 우선 가정에서 보면 음식물은 먹고 남는 것이 많고, 시장에 갈 때에는 필요 이상으로 물건을 사며, 이사를 하게 되면 아직도 쓸 만한 장롱이나 소파, 침대 같은 걸 그냥 버리고 새로 사기 때문에 많은 돈을 낭비합니다. 그러면서도 아까워하거나 절약하려고 하지 않습니다.

꼭 필요한 데만 쓰고 아끼는 정신

절약이란 '**돈이나 물건을 꼭 필요한 데에만 써서 아낀다.**'는 의미입니다. 아무리 값싸고 흔한 물건이라도 꼭 필요한 만큼만 사서 아껴 쓰며, 물건을 소중하게 다루는 태도를 말합니다. 또 더 좋은 것, 더 많은 것을 가지려는 마음을 자제하며, 자기의 분수를 지키는 일을 의미하기도 합니다.

아래는 절약에 대한 우리의 생활을 되돌아보는 자세입니다.

첫째, 나는 내 물건을 항상 소중하게 다루고 있습니까?

자기 물건을 잃어버렸을 때 꼭 찾으려는 노력을 하였나요? 실내화, 운동장에 벗어놓은 옷, 연필이나 공책이나 칼 등 학용품, 소중하게 여기던 액세서리 등 새로 사려면 많은 돈이 드는데도 '잃어버리면 부모님이 새로 사줄 텐데 뭐……' 하는 마음은 가지지 않았나요?

둘째, 내가 사용하고 있는 물건을 항상 아껴 쓰려고 노력하였나요?

공책을 듬성듬성 쓰고 버리거나, 마구 찢어 버리거나, 연필을 더 쓸 수 있는데 아무 곳에나 버리거나, 스케치북을 북북 찢어서 연습장으로 써 버리는 일 등은 없었나요?

셋째, 여러 사람이 함께 쓰는 물건을 '아껴서 써야지'라는 마음을 가지고 사용해본 경험이 있었나요?

화장실에 있는 휴지를 둘둘 말아서 버리거나, 필요하지 않은 전등을 켜놓거나, 수돗물을 틀어놓고 마구 쓰지는 않았나요?

넷째, '아나바다 운동'에 참여하고 실천해보았나요?

'아나바다 운동'은 아껴 쓰고 나누어 쓰고 바꾸어 쓰고 다시 쓰자는 운동입니다. 마구 사고, 마구 쓰고, 마구 버리는 생활이 아닙니다. 용돈, 학용품, 옷 등을 아껴 쓰고, 내가 쓰던 물건을 친구나 후배나 형, 동생에게 물려주어서 나누어 쓰고, 내게 필요 없는 물건을 다른 사람과 바꾸어 쓰며, 버려지는 물건도 다시 쓸 수 있는 방법을 찾아 다시 쓰는 노력을 얼마나 하였나요?

전 세계는 자원 확보 전쟁 중

우리가 생활하면서 사용하는 모든 물건들은 그냥 공짜로 얻어지거나 만들어지는 것이 아닙니다. 물과 전기도 값비싼 석유를 사가지고 와서 만들고 일상생활용품들도 많은 자원들이 있어야 만들어집니다.

앞에서 이야기한 홍콩의 '비행기가 옷을 벗었다'는 이야기처럼 지금 전 세계는 '자원의 전쟁'이라 할 만큼 각 나라마다 석유와 물자들을 아끼고, 서로 많이 확보하려고 많은 노력을 기울이고 있습니다. 우리의 미래는 '자원의 전쟁'에서 이겼을 때 행복하게 살아갈 수 있습니다.

우리의 절약하고 아끼는 작은 손 하나하나가 따뜻한 미래를 만들어갑니다.

 자유롭게 생각해보기

평소에 나의 절약 습관을 반성하여 보고 절약한 생활의 성공적인 실천 이야기를 친구에게 들려주세요.
석유는 어떻게 얻어지나요? 또 우리나라에서 석유가 생산되나요? 석유를 이용하여 생산되는 물건은 어떤 것이 있는지 조사하여 보고 에너지 아끼는 방법을 제안해보세요.

사슴들은 왜 굶어 죽었을까?

미국 애리조나 지방의 카이바브라는 고원에 사슴, 퓨마, 늑대 등이 함께 살고 있었습니다. 그런데 사람들은 사슴들을 보호할 목적으로 퓨마와 늑대를 없애기 시작하였습니다. 그 결과 고원에는 사슴의 숫자가 급속히 늘어났습니다.

사슴이 많이 늘어날수록 사슴이 뜯어 먹는 풀은 줄어들었고 고원은 점점 더 황폐화하기 시작하였습니다. 마침내 고원에 살고 있던 절반 이상의 사슴들이 풀을 뜯어 먹지 못하여 굶어죽는 일이 벌어지게 되었습니다.

왜 이런 일이 일어났을까요?

인간에게 사슴과 퓨마, 늑대, 풀 중에서 당장에 필요한 것들은 어느 것일까요?

당장에는 사슴과 풀이 가장 중요하다고 생각하였습니다. 그래서 늑대와 퓨마를 없애버렸더니 결국에는 사슴과 풀도 없어지게 되었고, 자연환경은 파괴되었고, 그 피해가 다시 사람에게 되돌아오고 만 것입니다.

방아쇠 효과

자연에서 살아가는 동물과 식물들은 자연적으로 균형을 잘 유지하여 살아가고 있습니다. 그런데 인간들이 이 자연에 어떤 변화를 주게 되면 그 영향이 다른 자연환경에 또 다른 영향을 주게 됩니다. 결국에는 자연 생태계 전체에 큰 변화를 가져오게 되는데 이러한 현상을 **방아쇠 효과**라고 합니다. 위의 카이바브라 고원의 예는 사람들로 인해 자연이 파괴된 좋지 않은 예일 것입니다.

환경의 파괴는 결국 인간 세계를 파멸하는 길

환경이란 좁은 의미로는 우리가 살고 있는 주변을 이야기하고, 넓은 의미로는 지구와 우주를 포함합니다. 자연환경은 땅과 하늘과 바다에서 살고 있는 모든 생물과 비생물을 말합니다. 생활환경은 공기, 물, 땅 등 우리가 살아가는 데 있는 모든 환경물을 의미합니다.

사람들이 보다 편리하고 편안하게 살기 위해서 이루어 놓은 물질문명이 결국은 자연환경을 마구 파괴하여 그 피해가 공기와 물과 땅에 나쁜 영향을 미치고 그 피해가 결국 우리 인간들에게 돌아오는 나쁜 일이 많이 나타나고 있으며, 앞으로도 더욱 많이 나타날 것이라고 학자들은 예견하고 있습니다.

우리의 행복한 미래는 보다 깨끗한 자연환경 속에서 가꿀 수 있습니다. 그러기 위해서는 여러 가지 환경오염으로 인해 파괴되어 가는 자연을 되살리기 위한 노력을 다하여야 할 것입니다. 이 노력들은 다른 누군가가 대신해주는 것이 아닙니다. '나 하나 쯤 이야' 하는 잘못된 생각들이 우리의 자연을 파괴하고 있는 것입니다. 병든 자연환경, 병든 지구를 우리의 일상생활에서부터 살려나가야 따뜻한 미래가 만들어질 것입니다.

 자유롭게 생각해보기

　　사람들의 힘으로 인해 자연이 파괴된 예를 알아보고 어떤 결과로 인간에게 되돌아오는지 예를 들어 이야기해볼까요?
　　그리고 앞으로 '환경 사랑'을 위하여 생활 속에서 이룰 수 있는 작은 실천방법도 찾아봅시다.

66

손수건과 같은 만남

나이 어린 처칠은 템스 강변에서 물놀이를 하고 있었습니다. 그런데 갑자기 물속에서 발에 쥐가 나서 헤엄을 칠 수가 없었습니다. "헬프 미! 헬프 미!" 하고 크게 소리쳤습니다. 이 소리를 들은 한 시골 소년이 물에 뛰어 들어와 어린 처칠을 구해주었습니다. 그 뒤 두 사람은 친구가 되어 우정을 나누었습니다.

처칠의 할아버지가 이 사연을 알게 되었습니다. 할아버지는 자기 손자를 구해준 소년을 진심으로 돕고 싶어서 물었습니다.

"너의 소원은 무엇인가?"

"예, 저는 의학 공부를 하고 싶습니다."

할아버지는 소년이 의학 공부를 하는 데 필요한 모든 것을 도와주었습니다. 소년은 열심히 공부하여 의학자가 되었고 세계 최초로 '페니실린'이라는 항생제를 발명하여 수많은 사람들의 병을 치료해주었습니다.

그는 1945년에 노벨 의학상을 받은 '**알렉산더 플레밍**'입니다.

한편 **윈스턴 처칠**은 커서 군인이 되어 아프리카의 전쟁터에 갔습니다. 그곳에서 폐결핵에 걸려 생명이 위독하였습니다. 이 소식을 들은 플레밍은 자기가 발명한 페니실린을 가지고 아프리카로 가서 처칠을 구해주었습니다.

이렇게 하여 목숨을 되찾은 처칠은 그 후 영국을 이끌어가는 수상이 되었고 세계 제2차 대전을 승리로 이끌어내는 훌륭한 업적을 남겼습니다.

플레밍과 처칠의 만남은 어떤 만남이었습니까?

사람들과 인연을 맺어가며 사는 세상

우리는 많은 사람들과 만남으로 인연을 맺으면서 살아갑니다. 이 만남에는 여러 가지 종류가 있습니다.

첫째는 비린내 나는 생선과 같은 만남입니다.

이 만남은 서로에게 좋지 않은 영향을 주고받는 만남입니다. 서로 미워하거나, 시기하고, 질투하고, 싸우고 원한을 남기게 되는 만남입니다. 이런 만남은 오래갈수록 더욱 나쁜 결과를 만들어내게 됩니다.

둘째, 향기 나는 꽃과 같은 만남입니다.

이것은 만나면 향기가 나고 좋아 어쩔 줄 모르는 만남입니다.

그렇지만 대부분의 꽃이 시들어 사라지듯이 오랫동안 지속되지는 못하는 그런 만남입니다.

셋째, 호주머니 속에 있는 손수건과 같은 만남입니다.

이것은 주머니 속의 손수건처럼 슬플 때는 눈물, 힘들 때는 땀을 닦아 주고, 기쁜 일에는 함께 좋아해 주는 만남입니다. 또 좋을 때나 외로울 때 나와 함께해주는 만남입니다. 한 번의 만남으로 인생 전체가 바뀔 수 있는 만남입니다.

침된 우정은 손수건과 같은 만남으로!

우리는 기쁠 때나 슬플 때, 또 좋을 때나, 외로울 때 함께해주는 사람과 좋은 우정을 나눕니다. 여러분들과 만나는 많은 사람들에게 내가 먼저 다가가 만나기 바랍니다. 참된 우정은 '손수건과 같은 만남'으로 이루어집니다.

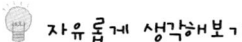 자유롭게 생각해보기

어떻게 하면 '손수건과 같은 만남'을 이룰 수 있을까요?

67

역사는 미래를 비추는 거울

얼마 전에 '광개토대왕', '대조영', '주몽'이란 역사드라마가 많은 사람들에게 큰 관심과 재미를 주었습니다. 이 역사드라마는 자랑스러운 우리 조상들의 이야기임을 모두 알고 있습니다.

그러나 요즘 이웃 나라 중국에서는 아주 이상한 일이 벌어지고 있습니다. 그들은 '광개토대왕', '대조영', '주몽'이 우리나라 사람들의 조상이 아니라 중국 사람들의 조상이라고 주장하고 있습니다. 그야말로 우리의 할아버지들을 중국 사람들이 빼앗아 가려는 음모가 지금 중국에서 벌어지고 있는 것입니다.

우리가 부르는 애국가는 "동해물과 백두산이……"라는 구절로 시작합니다. 우리나라 북쪽에 있는 백두산을 중심으로 지금으로부터 반만년 전 우리의 할아버지들은 나라를 세우고 대를 이어 행복하게 살아 왔습니다. 우리나라의 시작은 백두산을 중심으로 한 만주지방이었습니다.

그 땅에서 환인 할아버지, 환웅 할아버지 이야기가 시작되었고, 단군 할아버지가 세운 '고조선'이 있었으며, 뒤를 이은 고주몽 할아버지가 세운 '고구려'의 자랑스러운 역사가 있었습니다. 고구려 다음으로는 대조영 할아버지가 세운 '발해'의 찬란했던 역사도 있었습니다.

지금의 우리나라 대한민국이 있기까지 우리는 우리의 조상들을 자랑스러워하였습니다. 또 조상들이 세워놓은 홍익인간弘益人間: 널리 인간 세계를 이롭게 한다의 정신을 이어받아 이 땅에서 단일 민족으로 잘 살아오고 있었습니다. 그런데 어느 날 갑자기 중국 사람들은 만주를 중심으로 한 북쪽 지역의 역사는 모두 중국의 역사라고 우기기 시작했다는 이야기입니다. 그야말로 중국 사람들은 우리의 할아버지를 자기네 할아버지라고 이야기하고 있다는 것입니다. 우리 할아버지를 빼앗기는 일은 우리의 땅을 잃어버리는 일이요, 역사를 잃어버리는 일이요, 뿌리를 잃어버리는 일입니다.

역사를 왜곡하는 중국

몇 년 전부터 중국 사람들은 이른바 '동북공정東北工程'이라는 역사를 바꾸는 연구를 시작하여서 우리의 고조선, 고구려, 발해 등의 역사를 중국 역사의 일부분이라고 주장하고 있으며 우리 조상들의 문화 유적들을 자기들의 역사 유적으로 하나하나 바꾸어나가고 있는 것입니다.

예를 들어 우리의 자랑스러운 '백두산'을 중국 사람들은 '장백산'이라고 부르고 이를 지도를 비롯하여 모든 곳에 장백산으로 표기하면서 그 일대에 있는 문화유산들을 국제문화유산으로 지정받아 관리하려고 하고 있습니다. 또 만주 지역의 '연길시'에 있는 중국 박물관에는 우리의 '고구려' 역사를 자기네 중국 역사에 있었던 한 지방 정도로 표기하고 있음도 보았습니다.

이렇게 백두산이 장백산으로 이름 지어지고 만주 지역의 문화유산이 중국 조상의 이름으로 바뀌게 된다면 우리 민족의 뿌리는 과연 어떻게 되는 것인지 정말 심각하게 생각해야 할 것입니다.

그러면 중국 사람들은 왜 우리의 역사를 자기네 역사라고 우기고 빼앗으려고 할까요? 많은 사람들이 그 점에 대해서 여러 가지 이야기들을 하고 있습니다.

하나는 우리나라의 힘이 약하다고 억지를 부려서 뺏으려는 것입니다.

둘은 자기네 땅을 계속 넓히려는 욕심 때문입니다.

셋은 그들은 우리나라처럼 훌륭했던 고대 역사를 갖지 못했기 때문입니다.

역사는 과거와 현재의 대화

역사학자 카아E. H. Carr는 '역사는 과거와 현재의 대화'라고 이야기하였습니다. 지금 우리의 역사는 과거가 있었기에 현재가 있으며, 앞으로의 미래가 있는 것입니다. 그렇기 때문에 '우리의 조상을 잃어버리는 일은 과거의 혼을 잃어버리는 일이요, 미래의 혼이 없어진다'는 의미입니다. 역사는 우리의 혼이며 미래를 비춰보는 거울입니다.

이 혼을 잘 지키기 위해서 우리는 어떤 노력을 하여야 할까요?
지금 우리나라의 어른들은 중국 사람들의 억지 주장의 역사에 대해서 많은 사람들이 이 문제를 올바르게 해결하려고 여러 가지 측면에서 많은 노력을 하고 있습니다. 여러분들처럼 학생으로서 할 수 있는 일은 무엇인지 한번 생각해봅시다.

첫째는 여러분들이 나라의 발전을 생각하는 큰 꿈을 정하고 열심히 공부하는 일입니다. 우리의 고대 역사와 현재의 역사를 굳건히 지키는 힘은 우리나라가 잘살고 힘이 있을 때 가능합니다.
다음은 우리의 역사에 대한 공부, 조상에 대한 공부, 우리의 뿌리에 대한 공부도 소홀하게 하지 않아야 합니다. 우리나라가 잘살고 국력이 튼튼하다면 이웃 나라도 우리를 업신여기지 않게 됩니다.

최근 일본은 독도를 자기네 땅이라고 주장하여 우리나라 사람들을 분노하게 만들고 있으며, 일본과 중국도 섬 하나를 두고 서로 자기네 땅이라고 주장하며 대립하고 있습니다.

　다시 한 번 우리나라 주변의 국가들을 되돌아봅시다. 그리고 우리나라의 미래를 생각하는 공부를 더 합시다. 우리 국가와 민족이 행복할 때 우리의 따뜻한 미래가 열립니다.

 자유롭게 생각해보기

　　일본의 독도에 대한 주장과 이에 대한 생각은 무엇인가요?
　　또 우리나라의 역사가 왜 중요한지에 대한 여러분들의 생각을 이야기
해볼까요?

68

이스터 섬을 아시나요?

남태평양 한가운데 자리하고 있는 **이스터 섬**을 아시나요?

이 섬에는 사람 얼굴을 조각한 거대한 석상이 여러 개 있는 것으로 유명한 곳입니다. 나무가 없는 육지에서 넓은 바다를 바라보며 바닷가에 서 있는 석상의 얼굴들을 바라보노라면 옛날 이 섬에서 어떤 일들이 일어났었는지 온갖 상상을 불러일으키게 한

다고 합니다.

18세기 초에 탐험가들이 처음 이스터를 발견했을 때 바닷가에 서 있는 석상들은 2백여 개나 되었다고 합니다. 그중에는 석상의 높이가 무려 10미터, 무게가 80톤이 넘는 것도 있었다고 합니다.

본래의 이스터 섬은 울창한 숲으로 이루어져 있었고, 약 3만 명의 인구가 살았다고 추정하고 있습니다. 그런데 사람들은 석상 을 만들고 운반하기 위해서 나무를 모두 베어내었기 때문에 15 세기 이후에는 숲이 모두 사라졌다고 합니다. 그 때문에 지금도 나무는 없고 석상만 우두커니 남아있는 모습입니다. 인간으로 인 해 자연이 모두 파괴된 섬으로 남아있을 뿐입니다.

지구의 위기를 알리는 경고

우리가 사는 지구의 나이는 46억 년쯤 된다고 합니다. 이 지구 에 사람이 생겨난 역사는 약 200만 년에 지나지 않습니다. 이렇 게 긴 세월 동안 건강했던 지구가 최근에 와서는 중병을 앓고 있 습니다. 그래서 미래학자들은 지구의 멸망이 목전에 다가왔다고 경고하고 있습니다.

요즘 많은 언론에서는 '남극이 녹는다', '아마존이 사라진다', '사막이 넓어지고 있다', '물 전쟁이 다가온다', '동식물이 죽어간 다', '바닷물이 높아지고 있다', '지구 온도가 높아지면 어떤 끔찍 한 일이 일어날까?' 등 지구에 대한 온갖 걱정들을 하고 있습니다.

한 번 망가지면 원래대로 돌리기 어려운 지구

우리가 살고 있는 지구 자연은 한 번 파괴되면 원상태로 복구하기가 참으로 어려운 곳입니다. 아무런 생각 없이 버리는 쓰레기를 비롯한 여러 가지 환경문제를 일으키는 것들이 어떻게 우리의 지구 환경을 파괴하는지 생각해보아야 합니다. 지구의 온난화 때문에 병들고 죽어가는 지구를 어떻게 하면 치료하고 살려낼 수 있을까를 연구해야 합니다. 또 어떻게 하면 자연에서 발생하는 재난과 재앙을 미리 막을 수 있을까를 공부하고 실천해야 합니다. 지구를 아프게 하는 것도 사람이며, 이를 치료할 수 있는 것도 사람이기 때문입니다.

미래에는 사람의 수명이 100살이 넘을 것이라고 합니다. 그러나 우리 지구가 사람이 살 수 없는 곳으로 변한다면 100살이 무슨 의미가 있을까요? 장차 동물들이 나쁜 공해로 죽지 않고, 식물들이 꽃 피는 철을 잃어버리지 않는 지구에서 행복한 미래를 살아가야 합니다. 그렇게 되기 위해서는 '이스터 섬' 사람들이 범했던 잘못을 되풀이하고 있지 않은지 되돌아보아야 합니다.

 자유롭게 생각해보기

'지구가 아프다'는 증거를 구체적으로 찾아볼까요?
어떻게 하면 '이스터 섬' 사람들이 범했던 잘못을 되풀이하지 않을까요?
이에 대한 방법을 생각하고 친구들과 함께 이야기 나눠볼까요?

69

지구를 살리는 습관으로 바꿔요!

매년 6월 5일은 **세계 환경의 날**입니다. 반기문 유엔UN사무총장은 "지금 세계는 위험한 탄소 습관에 물들어 있고 너무나 많은 온실가스를 배출하고 있다"고 말하면서 "이산화탄소(CO_2)를 내뿜는 나쁜 습관을 차버리자Kick the CO_2 Habit"고 하였습니다. 우리나라에서도 지구를 살리기 위한 대응책으로 "지구를 살리려면 우리의 습관을 바꿔요!"라고 모든 사람들의 지구 살리기 실천을 적극 권하고 있습니다.

오늘날 우리가 살고 있는 지구 환경은 점차 사람들이 마음 놓고 살 수 없는 곳으로 나빠지고 있습니다.

지구 온난화로 인해 2020년에는 수억 명이 물 부족으로 고통받을 것이다.
남극과 북극의 빙하가 녹고 있다.
식물이 살고 있는 땅이 점차 사막으로 변할 것이다.

지진, 화산 등의 활동이 보다 많이 일어날 것이다.
홍수나 가뭄 등으로 환경 피해가 크게 늘어날 것이다.
2050년경에는 지구에 살고 있는 생물의 30%가 멸종위기에 처할 것이다.

지구환경의 변화에 대한 걱정은 이제 과학자들의 학문수준의 연구차원을 넘어 일반 국민 모두가 생활에서 느끼고 있는 일입니다.

지난 20년간 지구의 온도는 과거 일천 년 중 가장 더운 기간이었다고 합니다. 눈에 보이지 않고 소리도 없이 다가오는 재앙으로 지구에 살고 있는 동·식물의 수가 점차 줄어들고 있습니다.
이러한 기후변화의 원인에는 여러 가지가 있지만 그중에서도 사람들이 자연자원을 잘 이용하지 못한 것이 가장 큰 원인이라고 합니다. 석유와 전기의 지나친 사용, 산림, 토지, 물 등의 무분별한 개발로 인해 지구가 아프다는 이야기입니다.

우리나라에서도 일상생활에서 이산화탄소CO_2를 줄이기 위해 실천할 수 있는 여러 가지 방안을 제시하여 '환경 보전 실천 수칙'으로 정하여 온 국민들이 참여할 것을 권하고 있습니다.

- ▶ 적정 실내온도 유지하기
- ▶ 승용차 이용 자제하기
- ▶ 친환경 제품 쓰기
- ▶ 물 절약하기
- ▶ 올바른 운전 습관 가지기
- ▶ 쓰레기 줄이기
- ▶ 전기 제품 절전하기
- ▶ 나무 심기 등

지금의 지구는 미래의 우리 후손들도 행복하게 살아가야 할 곳입니다. 그러므로 보이지 않고 소리도 없이 다가오는 재앙이 닥치기 전에 우리의 생활습관을 바꿀 방법을 찾아야 할 것입니다. 그래서 이 지구가 사람이 살지 못하는 환경이 되지 않게 해야 할 것입니다.

지구를 살리기 위한 생활 속 작은 실천

지구 환경보호운동은 나의 생활 주변에서부터 실천할 수 있습니다. 승용차 대신 대중교통 이용하기, 에너지 절약하기, 자전거 이용하기, 짧은 거리 걸어 다니기, 친환경·저탄소 제품 쓰기, 냉난방기 사용 줄이기 등 우리의 일상생활이 좀 불편하더라도 우리의 습관을 바꾸는 노력을 많이 해야 합니다. 에너지를 많이 쓰는 습관을 고치는 일이 지구를 살리는 첫걸음입니다.

 자유롭게 생각해보기

지금 어른들은 저탄소, 녹색성장, 신에너지 개발에 힘쓰고 있습니다. 그 내용을 알아보고 우리가 '녹색 소비자'가 되는 실천방법을 이야기해볼까요?
예 1) 환경 마크나 재활용 마크가 있는 물건을 사서 쓴다.
예 2) 비닐이나 캔보다 병처럼 다시 쓸 수 있는 용기에 든 제품을 사서 쓴다.

지금까지 멸종되었거나 사라지고 있는 동·식물을 조사해볼까요?
예) 다음은 WWF가 공개한 10대 멸종위기 동·식물들입니다.
    √호랑이 √톱상어 √악상어 √적분홍색 산호
    √아시아 코뿔소 √유럽산 장어 √코끼리 √유인원
    √마호가니 √돔발상어

70

희망의 파랑새

크리스마스 전날 밤, 치르치르와 미치르 남매에게 요술쟁이 할머니가 찾아왔습니다. 병을 앓고 있는 자기 딸을 위해서 '파랑새'를 찾아달라고 부탁하였습니다. 치르치르와 미치르는 빛과 개와 고양이, 설탕, 그리고 빵의 요정을 거느리고 파랑새를 찾으러 미래의 나라로 여행을 떠났습니다.

그들은 여러 나라에서 신비롭고 새로운 여러 가지 체험을 하였습니다. '추억의 나라', '밤의 숲 속', '행복의 궁전'을 여행하면서 진정한 '행복의 파랑새'를 찾아보았으나 끝내 찾지 못하였습니다.

기나긴 여행을 끝내고 꿈에서 깨어 자기들이 기르고 있는 새장 속의 파란 비둘기를 발견합니다.

"우리가 찾고 있던 것이 여기 있었구나."

요술쟁이 할머니의 딸에게 파란색 비둘기를 보여주고 병도 낫게 하였습니다.

이 이야기는 벨기에 작가 **모리스 마테를링크**가 쓴 '파랑새'란 동화입니다.

모리스 마테를링크는 "사람은 태어나서 운명을 마칠 때까지 매일매일 인생이라는 책의 한 페이지씩을 쓰고 있다. 인생은 한 권의 책이다"고 이야기하였습니다.

우리는 각자가 매일매일 '나의 일생'이라는 책을 한 페이지씩 써나가고 있습니다. 그래서 우리는 모두 글을 쓰는 '작가'입니다. 그런데 우리 각자가 쓰는 일생은 그 내용이 각각 다릅니다.

하루하루를 아름답게 쓰는 사람과 추하게 쓰는 사람,

하루하루 희망을 쓰는 사람과 절망을 쓰는 사람,

한 페이지마다 정성을 다하여 쓰는 사람과 대충대충 쓰는 사람

이렇게 사람들은 모두가 제각기의 모습대로 매일매일 쓰고 있습니다. '나의 일생'이라는 한 권씩의 책을 제각각 만들어가고 있습니다. 그런데 '인생의 책'이 '세상의 책'과 다른 점이 있습니다.

잘못 쓰면 다시는 지울 수가 없습니다.

다른 사람이 대신 써 줄 수도 없습니다.

한 번밖에 읽을 수가 없습니다.

잘 쓰거나 못쓰거나 꼭 자기가 써야 합니다.

(출처: http:hypertext transfer protocol)

우리는 책을 읽다가 어려운 구절이 있으면 다음에 다시 읽으면
됩니다. 그러나 '인생의 책'은 단 한 번밖에 읽을 수가 없습니다.
희망希望이란 **'앞일에 대하여 어떤 기대를 가지는 바람'**을 뜻합니다.
'잘될 수 있는 가능성'을 의미합니다. 우리가 찾는 '희망의 파랑
새'는 멀리 있는 것이 아닙니다. 항상 우리의 생활 가까이에서
희망의 파랑새를 찾을 수가 있습니다.

일상생활 속에서 눈은 멀리 미래를 바라보며, 손은 바쁘게 움
직이는 하루하루를 성실하게 살아갈 때 진정 '희망의 파랑새'가
여러분들 곁으로 날아올 것입니다.

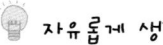 자유롭게 생각해보기

우리 사회에서 열심히 노력하여 '희망의 파랑새'를 성공적으로 찾아낸
주인공들을 알아볼까요?

류시호

1951년 안동에서 태어나 1973년 안동교육대학교 졸업, 1994년 한국교원대학교 대학원 석사 학위 취득하였으며 2000년 한국문학예술원에서 수필가로 등단 활동하고 있다. 1973년 이래 초등교육 현장에서 40년간 학생 중심의 교육을 실천하면서 열린 교육의 지도서 집필, 다양한 현장 교육 연구 활동을 선도적으로 수행하였다. 2005년 3월 이후 경기도 김포시 금파·유현초등학교에서 교장으로 8년간 재직하면서 좋은 수업 전개를 위한 강의 활동, 미래를 준비하는 어린이 리더십 교육프로그램 개발과 교육, 200여 편의 [행복을 준비하는 지혜]의 훈화 자료를 집필 지도하여 바른 인성교육에 힘쓰고 있다.

멋진 나 만들기 프로젝트

초 판 인 쇄 | 2013년 2월 22일
초 판 발 행 | 2013년 2월 22일

지 은 이 | 류시호
펴 낸 이 | 채종준
펴 낸 곳 | 한국학술정보(주)
주   소 | 경기도 파주시 문발동 파주출판문화정보산업단지 513-5
전   화 | 031) 908-3181(대표)
팩   스 | 031) 908-3189
홈 페 이 지 | http://ebook.kstudy.com
E - m a i l | 출판사업부 publish@kstudy.com
등   록 | 제일산-115호(2000. 6. 19)

ISBN   978-89-268-4132-7 03040 (Paper Book)
          978-89-268-4133-4 05040 (e-Book)

이담
Books 는 한국학술정보(주)의 지식실용서 브랜드입니다.